Ann Kristin Rielmann

Eine exemplarische qualitative Studie zu Belastungen von Kindern der ersten Klasse

Diplomica Verlag GmbH

Rielmann, Ann Kristin: Eine exemplarische qualitative Studie zu Belastungen von Kindern der ersten Klasse, Hamburg, Diplomica Verlag GmbH 2013

Buch-ISBN: 978-3-8428-9382-5
PDF-eBook-ISBN: 978-3-8428-4382-0
Druck/Herstellung: Diplomica® Verlag GmbH, Hamburg, 2013

Bibliografische Information der Deutschen Nationalbibliothek:
Die Deutsche Nationalbibliothek verzeichnet diese Publikation in der Deutschen
Nationalbibliografie; detaillierte bibliografische Daten sind im Internet über
http://dnb.d-nb.de abrufbar.

© Diplomica Verlag GmbH
Hermannstal 119k, 22119 Hamburg
http://www.diplomica-verlag.de, Hamburg 2013
Printed in Germany

Inhaltsverzeichnis

1 Einleitung

Der Eintritt in die Grundschule stellt für jedes Kind ein bedeutendes Ereignis im Leben dar. Es betritt einen neuen Handlungs- und Erfahrungsraum, in dem es meist zum ersten Mal mit gezielten Leistungsanforderungen konfrontiert wird. Das Kind wird neuen Lerngegebenheiten ausgesetzt, geht viele neue soziale Beziehungen mit seinen Mitschülern[1] ein und muss sich den Forderungen, die das Schulsystem in sich birgt, stellen (vgl. Nickel 1976, S.19). Viele Regeln bestimmen nun den Tagesablauf des Kindes und die Zeit zum freien Spielen wird zunehmend weniger. Stattdessen gibt es feste Zeitstrukturen fürs Aufstehen und Zubettgehen, für den Schulweg, die Hausaufgaben und die Zeit, die mit anderen verbracht werden darf. Kinder sind dabei durchaus motiviert, in die Schule zu gehen, sich den Verbindlichkeiten zu stellen und zu zeigen, dass sie etwas können (vgl. Haug-Schnabel & Bensel 2011, S.137 f.).

Dennoch werden viele Kinder jeden Tag durch steigende Anforderungen – schon in der Grundschule – mit Situationen konfrontiert, die für sie zu Problemen führen und den Schulalltag erschweren können.

Stress und Belastungen sind ernstzunehmende Faktoren, die bereits die schulische Laufbahn von Grundschulkindern deutlich prägen können. Es liegen empirische Untersuchungen vor, die zeigen, dass Kinder in der Grundschule unter Belastungen durch Mitschüler, Lehrer und den Unterricht stehen (siehe Frank 2008). Die daraus entstehenden Belastungen können sich bei den Schülern, bei fehlenden Bewältigungsstrategien in gesundheitlichen Beeinträchtigungen widerspiegeln: Die Kinder fühlen sich angespannt, nervös, unwohl und ängstlich (vgl. Hampel & Petermann, 2003, S.3). Schule kann somit eine ganz bedeutende Rolle als Stress- und Belastungsfaktor für Kinder spielen, gerade auch deshalb, weil der größte Teil des alltäglichen Lebens von Kindern in dieser Institution stattfindet.

Ziel dieser Untersuchung ist es deshalb der Frage nachzugehen, welchen schulischen Belastungen Kinder der ersten Klasse ausgesetzt werden. In der vorliegenden Studie habe ich daher besonders viel Wert auf das subjektive Erleben von Kindern gelegt und mich für die Anwendung qualitativer Forschungsmethoden entschieden.

---

1 In dieser Arbeit werden mit den Begriffen „Schüler" und "Lehrer" und allen anderen Begriffen, die in männlicher Form geschrieben sind, auch immer die weiblichen Formen, d.h. Schülerinnen und Lehrerinnen o.ä. gemeint.

Im zweiten Kapitel dieser Untersuchung werden zunächst theoretische Grundlagen zum Thema „Stress und Belastung im Grundschulalltag" beschrieben. Dabei wird darauf eingegangen, wie Stress und Belastung im Sinne eines transaktionalen Modells entsteht. Daran anschließend werden schulische Belastungen beleuchtet, um darauf aufbauend mögliche Bewältigungsstrategien und -ressourcen von Kindern darzulegen. Aus diesen theoretischen Grundlagen wird weiterhin die Fragestellung und die Zielsetzung im Hinblick auf die bestehende Forschung zum Thema „Belastungen im Grundschulalltag" abgeleitet.

Das dritte Kapitel dieser Studie beleuchtet das methodische Vorgehen der empirischen Untersuchung. Zunächst wird dabei auf die verwendete Methode eingegangen, die Stichprobe und der Feldzugang dargestellt und die Durchführung der Studie beschrieben. Weiterhin wird erklärt, wie das erhobene Material aufbereitet und ausgewertet wurde.

Im vierten Kapitel werden dann die Ergebnisse der Studie dargestellt. Dabei wird nach drei Kategorien, die sich aus den Interviews und den theoretischen Grundlagen ergeben, analysiert: *Lernen und Unterricht, Lehrer und Mitschüler.* Anschließend werden die Ergebnisse im Hinblick auf die Fragestellung dieser Arbeit zusammengeführt.

Schließlich werden Schlussfolgerungen aus der Arbeit – auch hinsichtlich der Arbeit in der pädagogischen Praxis – gezogen.

Im Anhang befinden sich der von mir benutzte Leitfaden für die Interviews, die Transkripte der Interviews und die Übersicht der definierten Kategorien, Ankerbeispiele und Kodierregeln.

2 Theoretische Grundlagen

Zunächst werden in dieser Untersuchung die Begriffe „Stress" und „Stress erleben" sowohl allgemein, als auch im schulischen Kontext definiert, um davon ausgehend die Fragestellung und die Zielsetzung dieser Studie besser erläutern zu können.

2.1 Definition: Stress und Stresserleben

Der Begriff „Stress" gehört zu unserem alltäglichen Sprachgebrauch. Nicht nur Erwachsene verwenden diesen Begriff, sondern schon Kinder im Grundschulalter benutzen den Begriff zur Kennzeichnung unterschiedlicher Belastungen (zum Beispiel wenn es Stress mit anderen Schülern oder Stress bei den Hausaufgaben gibt) (vgl. Lohaus & Domsch & Fridrici 2007, S.4).

Stress wird nicht allein durch eine schwierige Situation ausgelöst, in der man sich gerade befindet. Vielmehr ist Stress eine Folge von Interpretationen der einzelnen Personen, was dazu führt, dass es erhebliche Unterschiede im Erleben von Stress und Belastungen gibt. Die Bewertung und Interpretation eines Ereignisses hängt dabei von früheren Erfahrungen ab.

Eigenes Beispiel: Ein Kind, das Erfahrungen damit gemacht hat, bei unzureichenden Leistungen in der Schule mit negativen Folgen und Sanktionen seiner Eltern zu rechnen, zeigt mehr Stressreaktionen, wenn es eine schlechte Note in der Schule erhält, als ein Kind, das seitens der Eltern nicht mit negativen Sanktionen rechnen muss.

Somit entsteht Stress in Folge einer Wahrnehmung und Bewertung einer stressauslösenden Situation, von der abhängt, wie stark die Stressreaktion und das Belastungsempfinden ausfallen. Weiterhin entsteht Stress aus einer Wechselwirkung, in der sich Person und Umwelt gegenseitig beeinflussen. Dieses Stresskonzept wird als transaktionales Stresskonzept bezeichnet (vgl. Lohaus & Domsch & Fridrici 2007, S.5).

Stress lässt sich nach dem transaktionalen Stresskonzept von Lazarus und Launier (1981) als Anforderung der Umwelt definieren, welche die Fähigkeiten einer Person beanspruchen oder übersteigen kann. Kann mit diesen Anforderungen nicht umgegangen werden oder können diese nicht neutralisiert werden, so führt dieses zu schädlichen Konsequenzen und Belastungen für die Person (vgl. Lazarus & Launier 1981, S.214). Gerade alltägliche

Anforderungen, die über längere Zeiträume immer wiederkehren, können zu einem erhöhten Belastungserleben beitragen, wenn eine Person diese nicht positiv bewerten kann (vgl. Beyer & Lohaus 2007, S.13).

Ob eine Situation beziehungsweise ein Geschehen als stressig empfunden wird und Belastungen entstehen, steht im Zusammenhang mit der eigenen Einschätzung der Situation durch die Person: Nach dem Stressmodell von Lazarus und Launier folgt auf die Konfrontation mit einem potentiellen Stressor eine primäre Bewertung der Gegebenheiten. Die Person selbst prüft dabei, „was auf dem Spiel steht" und schätzt die Anforderungen als *irrelevant, positiv oder stressend* ein.

Wenn eine Situation als irrelevant oder positiv bewertet wird, hat diese keinen negativen Einfluss auf die Person. Die Bewertung eines Ereignisses als stressend, tritt in drei Formen auf: *a) Der Herausforderung, b) der Bedrohung und c) der Schädigung/dem Verlust*. Wird eine Situation als *Herausforderung* bewertet, so birgt dieses für das Individuum nicht nur ein Risiko, sondern es kann diese Situation auch als bewältigbar einstufen. *Herausforderungen* sind mit Neugier und Zuversicht verbunden, dem Ereignis gegenüberzustehen und nicht mit negativen Stressemotionen.

Die Einschätzung als *Bedrohung* beziehungsweise als *Schädigung/Verlust* beeinflusst das Befinden der Person hingegen negativ. Die Situation wird als Überforderung interpretiert und bei mangelnden Bewältigungsstrategien kommt es zu negativen Folgen und Belastungen (vgl. Lazarus & Launier 1981, S.226).

Eigenes Beispiel: Eine Situation, die für viele Schüler eine Belastung hervorrufen kann, ist die Aufforderung des Lehrers eine Hausaufgabe an die Tafel anzuschreiben. Diese Situation kann durch die Schüler auf verschiedene Art und Weise bewertet werden: Es kann Schüler geben, die sich freuen, die Aufgabe anschreiben zu dürfen und keinen Stress in dieser Situation empfinden. Dann kann es Schüler geben, denen die Situation egal ist und die die Situation als *irrelevant* einstufen, weil sie keinerlei Interesse an ihrer erbrachten Leistung haben. Auch diese Gruppe von Schülern wird beim Anschreiben an die Tafel keinen Stress empfinden. Ein Teil der Schüler wird diese Nachricht jedoch als stressbezogen empfinden. Dieses passiert besonders dann, wenn die Situation des Anschreibens an die Tafel als *Bedrohung* oder *Herausforderung* gesehen wird. Gerade, wenn die Situation als *Bedrohung* eingestuft wird, überwiegen beim Schüler negative Gefühle und die Erwartungen eines negativen Ausgangs der Situation rückt in den Vordergrund: Der Schüler macht sich darüber Sorgen, ob er die an ihn gestellten Anforderungen überhaupt bewältigen kann. Sieht der Schüler die Situation jedoch aus Herausforderung an, so versucht der Schüler beim Anschreiben an die Tafel seine Fähigkeiten unter Beweis zu stellen. Schafft es der Schüler die Aufgabe für sich selbst ausreichend zu lösen, so besteht Hoffnung auf einen positiven und nicht stressreichen Ausgang der Situation.

Bewertet eine Person ein Ereignis als stressbezogen, so heißt dieses noch nicht, dass es auch zu einem Stressempfinden kommen muss.

In einer sekundären Bewertung schätzt die Person die verfügbaren Ressourcen und Möglichkeiten zur Bewältigung des Ereignisses ein. Dazu gehören neben den eigenen Kompetenzen (internale Ressourcen) auch die Mobilisierung und der Erhalt von sozialer Unterstützung (externale Ressourcen).

Die Einschätzung dieser Ressourcen ist sehr wichtig für die Stressbewältigungsfähigkeiten. Erst, wenn eine belastende Situation so wahrgenommen wird, dass dafür keine Bewältigungsmöglichkeiten zur Verfügung stehen, kommt es zu einem Stressempfinden und zu einer Stressreaktion der Person (vgl. Lohaus & Domsch & Fridrici 2007, S.6). Somit kann dieselbe Situation bei verschiedenen Personen zu unterschiedlichem Stressempfinden und unterschiedlichen Bewältigungsstrategien führen. Es gibt nicht die „Stressoren", denn Stress wird von jeder Person anders empfunden und erlebt (vgl. Lazarus & Launier 1981, S.223).

Eigenes Beispiel: Zwei Schüler werden von ihrer Lehrerin ausgewählt, um ihre Hausarbeiten an die Tafel zu schreiben. Schüler A sieht der Situation sehr gelassen entgegen und freut sich, die Hausaufgaben an die Tafel zu schreiben. Schüler B hingegen grübelt und ist sehr aufgeregt, weil er Angst hat, dass er etwas Falsches an die Tafel schreibt. Seine primäre Bewertung der Situation fällt negativ aus. Schüler B denkt darüber nach, dass er die Situation nicht bewältigen kann. In seiner sekundären Bewertung erinnert er sich nun jedoch daran, dass er vor zwei Wochen schon einmal eine Aufgabe an die Tafel geschrieben hat und dafür sehr von seiner Lehrerin gelobt wurde. Durch diesen Gedanken beruhigt sich Schüler B und schreibt seine Aufgabe tatsächlich ohne Fehler an die Tafel.

Stressreaktionen kommen somit nach dem transaktionalen Stressmodell dadurch zu Stande, wie Belastungssituationen wahrgenommen und interpretiert werden (primäre Bewertung) und wie die Person selbst ihre eigenen Bewältigungsfähigkeiten einschätzt (sekundäre Bewertung). Diese Vorgänge sind allerdings nicht immer bewusste Vorgänge, sondern laufen häufig auch im Unterbewusstsein des Menschen und damit automatisch ab (vgl. Lohaus & Domsch & Fridrici 2007, S.8).

Stress entsteht demnach,

„wenn in einer potentiell stressig wahrgenommen Situation die vorhandenen Bewältigungsmöglichkeiten als unzureichend angesehen werden. Stress entsteht also dann, wenn die wahrgenommenen Anforderungen die wahrgenommen Bewältigungsmöglichkeiten übersteigen" (Lohaus & Domsch & Fridrici 2007, S.8).

Aufbauend auf dieses Verständnis der Stress- und Belastungsentstehung haben Klein-Heßling und Lohaus (2000) ein einfaches Modell zur Erläuterung des Stress- und Belastungsentstehens konzipiert, das bereits für Kinder im Grundschulalter verständlich ist. Es handelt sich dabei um das Modell der Stresswaage:

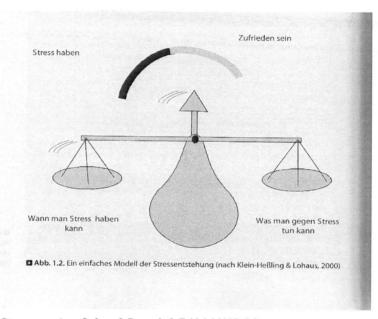

□ Abb. 1.2. Ein einfaches Modell der Stressentstehung (nach Klein-Heßling & Lohaus, 2000)

Abb. 1: Stresswaage (aus: Lohaus& Domsch & Fridrici 2007, S.8).

Die Stresswaage besitzt zwei Waagschalen (siehe Abbildung 1). Die eine Schale steht für die Anforderungen, die an die Person gestellt werden („Wann man Stress haben kann"). Diese Anforderungen bringen die Waage aus dem Gleichgewicht – vor allem dann, wenn es sich um schwierige Anforderungen handelt oder um eine Vielzahl von kleinen Anforderungen, die sich zu einer großen Belastung summieren. Der Zeiger, der mit der Waage verbunden ist, zeigt nun auf „Stress haben". Um diese Stresswaage wieder ins Gleichgewicht zu bringen, kommt es darauf an, dass die Kinder etwas zur Stressbewältigung unternehmen. Die zweite Waagschale („Was man gegen Stress tun kann") muss nun gefüllt werden.

Wenn die Stressbewältigungsstrategien erfolgreich waren, verschwinden der Stress und die Belastung und der Zeiger der Waage zeigt auf „Zufrieden sein". Die Anforderungen, die an das Kind gestellt wurden, übersteigen nicht mehr dessen Bewältigungspotential und die Stresswaage steht im Gleichgewicht.

Beispiel: Um mit Schülern im Grundschulalter über Stress und Belastungen im Schulalltag zu sprechen, kann die Stresswaage als Methode genutzt werden. Gemeinsam mit den Kindern kann überlegt werden, was sie in die linke Waagschale („Wann man Stress haben kann") setzen würden. Dabei wird mit den Kindern darüber gesprochen, in welchen Situationen sie sich in der Schule unwohl fühlen, sie Belastungen spüren und nicht wissen, was sie tun sollen, damit es ihnen wieder besser geht. Hierbei wird auch darauf eingegangen, woran die Kinder erkennen, dass sie in einer bestimmten Situation gestresst sind (körperliche, emotionale oder gedankliche Reaktionen wie schwitzen, zittern, erröten, traurig sein oder Panik haben). Gemeinsam mit ihnen werden dann Beispiele für Stresssituationen in der Schule gesucht.

Anschließend wird gemeinsam überlegt, was die Kinder tun können, damit sie sich wieder wohlfühlen (rechte Waagschale: „Was ich gegen Stress tun kann") und sich positive Emotionen bei den Kindern einstellen. Dieses können eigene Strategien sein, wie Pausen einlegen, aber auch das in Anspruch nehmen von sozialer Unterstützung. Wenn diese Maßnahmen erfolgreich sind, steht die Waage wieder im Gleichgewicht (vgl. Lohaus & Domsch & Fridrici 2007, S.9 f.).

Alles in allem kommt es jedoch nicht darauf an, dass man Kinder und Jugendliche vor jeglichen Situationen bewahrt, die möglicherweise Stress auslösen könnten. Diese Anforderung könnte die Schule auch gar nicht umsetzen. Vielmehr ist es wichtig, dass das Kind Erfahrungen im Umgang mit möglichen stressauslössenden Situationen macht, um für sich ein Repertoire an Bewältigungsstrategien aufbauen zu können und zu lernen, mit Belastungen umzugehen. Dabei sollte aber darauf geachtet werden, Überforderungen des Kindes zu vermeiden. Die richtige Balance zwischen „Konfrontation mit stressauslösenden Situationen" und „Überforderung" zu finden, ist dabei eine wichtige Aufgabe im Erziehungsprozess des Kindes (vgl. Lohaus & Domsch & Fridrici 2007, S.12).

2.2 Ursachen für Stress und Belastungen in der Schule

Aufgrund der vorher angeführten Definition, welche besagt, dass Stress durch eine subjektive Bewertung von Situationen entsteht, ist es schwierig, generelle schulische Faktoren zu benennen, die Kinder im Schulalter belasten können. Zudem zeigt sich in einer Untersuchung von Hössl und Vössler (2006) über die Belastungen von Kindern in der Grundschulzeit, dass einige der von ihnen befragten Kinder in den Interviews trotz Nachfrage keinerlei negative Erlebnisse im Zusammenhang mit ihrem Grundschulalltag benennen können. Zum einen kann dieses daran liegen, dass viele Kinder die Grundschulzeit ohne Schwierigkeiten durchlaufen und für sich keine Belastungen erleben. Zum anderen muss dabei aber auch darauf geachtet werden, dass viele Kinder nicht gerne über Belastungen sprechen, die aus schlechten Leistungen resultieren (vgl. Hössl & Vössler, 2006, S.78).

Jedoch ist die Schule ein Ort, in dem für Kinder vielfältige Belastungen entstehen können. Hierbei sind nach Frank (2008) besonders drei große Erfahrungsbereiche zu nennen, die Belastungen hervorrufen können: *a) Lernen und Unterricht, b) Lehrer und c) Mitschüler.* Diese drei Erfahrungsbereiche müssen nicht getrennt voneinander betrachtet werden, sondern es kann zu Überschneidungen kommen, beispielsweise wenn ein Schüler aufgrund von schlechten Noten im Unterricht, Neid auf einen anderen Mitschüler entwickelt.

2.2.1 Erfahrungsbereich Lernen und Unterricht

Dem Erfahrungsbereich Lernen und Unterricht kommt in der Schule ein besonderer Stellenwert zu. Schulunterricht ist dabei als mehr als Rechnen-, Schreiben- und Lesenlernen anzusehen. Kinder müssen bereits in der Grundschule ein sattes „Rundum-Programm" an Unterrichts- und Lernanforderungen bewältigen (vgl. Nitsch & von Schelling 1997, S.19). Gerade die neuen Leistungs- und Lernanforderungen im Unterricht können für Kinder Belastungen bedeuten, wenn diese negative Erfahrungen bei ihnen hervorrufen (vgl. Frank 2008, S.59).

Kinder werden in der Grundschule mit neuen institutionellen Rahmengegebenheiten, wie festen Schulstunden und festen Pausenzeiten, sowie einer neuen Klassengemeinschaft konfrontiert. Dabei ist es eine Aufgabe für das Kind, sich an das neue Stillsitzen und Zuhören und Stillsein während des Unterrichts zu gewöhnen und mit der bewegungslosen Zeit umzugehen (vgl. Nitsch & von Schelling 1997, S19).

Darüber hinaus muss es sich in der Schule mit vorgegebenen Lerninhalten beschäftigen, durch die der Handlungsspielraum des Kindes schwer eingeschränkt wird. Dabei stehen im Unterricht dann noch die Leistungen der Schüler und deren Beurteilung im Vordergrund. Permanent sind die Kinder dem kontrollierenden Blick des Lehrers ausgesetzt. Rückzugsmöglichkeiten, um unbeachtet zu sein, gibt es kaum mehr. Daraus können vielfältige Belastungs- und Stresssituation entstehen, wenn die erwartete Leistung nicht erbracht werden kann und das Kind es nicht schafft mit Misserfolgserlebnissen umzugehen (vgl. Knörzer & Grass 2000, S.156).

Nachmittags wird die frei verfügbare Zeit der Kinder zusätzlich durch die Verpflichtung der Hausaufgaben eingeschränkt. Somit bringen der Schulunterricht und die Lernanforderungen auch eine erheblich zeitliche Belastung mit sich. Grundschüler gehen bis zu sechs Stunden am Vormittag in die Schule und verbringen dazu oft noch ein bis zwei Stunden bei den Hausaufgaben. Diese zeitliche Beanspruchung übertrifft die Arbeitswoche eines berufstätigen Erwachsenen nicht selten. Dennoch müssen Schüler es lernen, sich für diese lange Zeit zu konzentrieren und den Anforderungen nachzukommen, die an sie gestellt werden (vgl. Ulich 2001, S.15). Aus diesem Erfahrungsbereich können Probleme im Unterricht entstehen, wenn Kinder Schwierigkeiten haben, sich an die lange Liste neuer Spielregeln in der Grundschule anzupassen und die an sie gestellten Aufgaben zu erfüllen.

2.2.2 Erfahrungsbereich Lehrer

Neben dem Erfahrungsbereich des Unterrichts stellt auch der Klassenlehrer in verschiedener Hinsicht eine Einflussgröße für die Persönlichkeit der Schüler dar: Er ist eine wichtige Bezugsperson, er lebt gewisse Verhaltensweisen vor und dient somit als Modell für seine Schüler. Zudem beurteilt er aber auch die Leistung und das Verhalten der Schüler und bestimmt über die Unterrichtsgestaltung und damit über die Form, wie die Lerninhalte aufbereitet werden (vgl. Frank 2008, S.71).

Besondere Bedeutung im Unterricht hat deshalb die Lehrer- Schüler- Interaktion. Wichtig für die Leistungs- und Persönlichkeitsentwicklung der Schüler ist eine gute Beziehung zu seinem Lehrer. Stimmt diese Beziehung nicht und ein Kind ist unsicher gegenüber seinem Lehrer, so kann es für das Kind eine große Herausforderung sein, vor dem Lehrer laut vorzulesen oder ihm zu sagen, dass man etwas im Unterricht nicht verstanden hat (vgl. ebd., S.72). Dieses kann für das Kind zu enormen Belastungen führen, da fehlendes Vertrauen gegenüber dem Lehrer dazu führt, dass der Lehrer als Unterstützungsperson für eine Problemsituation in der Schule weg fällt und somit das Kind in gewissen Problemsituationen, in denen es sonst Hilfe vom Klassenlehrer erhalten könnte, auf sich selbst gestellt ist (vgl. ebd., S.73).

Lehrerbezogene Probleme von Schülern sind zudem gerade im Zusammenhang mit Sanktionen und Bewertungen zu sehen, aber auch in unbewussten Verhaltensweisen, in denen ein Lehrer einen Schüler ungerecht behandelt. Diese Verhaltensweisen können der Bildung eines Vertrauensverhältnisses entgegenstehen und somit zu Belastungen seitens der Schüler führen. Nur wenn sich ein vertrauensvolles Verhältnis zwischen Lehrern und Schülern aufbaut, kann eine Lehrer-Schüler-Interaktion gelingen, eine entspannte Lernatmosphäre entstehen und schließlich auch die Basis für den Erfolg von Lernerfahrungen geschaffen werden. Durch Vertrauen wird zudem die Grundlage geschaffen, dass sich Kinder bei Problemen Unterstützung von Lehrkräften holen (vgl. ebd., S.73f.) und somit eine Stressbewältigungskompetenz geschaffen.

2.2.3 Erfahrungsbereich Mitschüler

Neben dem Lehrer spielen auch die Mitschüler als soziale Beziehungen und Ansprechpartner in der Grundschule eine wichtige Rolle.

In der Grundschulzeit findet eine Ausweitung der gleichartigen Bezugspersonen statt. Das Kind kommt in eine neue Klassengemeinschaft und lernt dort neue Kinder kennen.

Die Kontakte innerhalb der Schülergruppe ermöglichen es den Kindern, sich mit anderen zu vergleichen, Erfahrungen mit Konflikten und der Lösung dieser Konflikte zu sammeln, Freundschaften zu schließen, Hilfe zu geben und anzunehmen und Partner für das gemeinsame Spiel und Lernen zu finden (vgl. Frank 2008, S.44).

Diese Möglichkeiten bieten einerseits positive Herausforderungen und Chancen, können aber andererseits auch Belastungspotenziale für Kinder darstellen: Was ist, wenn ein Kind keinen Zugang zur Gruppe findet oder was ist, wenn gewisse Konflikte untereinander nicht gelöst werden können? Kann das Kind mit diesen Möglichkeiten nicht positiv umgehen, so kann dieses zu Belastungen führen.

Dennoch sind die Gleichaltrigen in der Schule sehr wichtig für das Kind, um Möglichkeiten der Selbstbehauptung zu entdecken, Selbstständigkeit zu erlernen und Akzeptanzerfahrungen in der Gleichaltrigengruppe zu erfahren. Deshalb stellt die soziale Akzeptanz unter Mitschülern eine wichtige Einflussgröße für die Persönlichkeitsentwicklung im Grundschulalter dar. Außenseitern bleibt der Zugang zu vielfältigen Kommunikationsstrukturen, Interaktionen und Aushandlungen unter den Kindern verborgen. Vielmals spielt in diesem Zusammenhang auch das „Mobbing unter Schülern" eine ernstzunehmende Größe dar (zum Beispiel, wenn sich Kinder über andere Kinder im Unterricht lustig machen und das Kind deshalb aus Angst aufzufallen und Fehler zu machen, nicht mehr am Unterricht aktiv teilnimmt). Kinder mit einer „Außenseiterstellung" werden deshalb auch als „Risikogruppe für Belastungen" bezeichnet (vgl. ebd., S. 48f.).

2.3 Umgang mit Stress und Belastung in der Grundschule

Wie im vorangegangenen Kapitel gezeigt wird, gibt es in der Grundschule täglich Anforderungen, die für Kinder potenzielle Belastungen darstellen können. Schule kann diese belastenden und stressauslösenden Situationen weder im Bereich der sozialen Beziehungen, noch im Bereich der Leistungsanforderungen von den Kindern fernhalten (vgl. Frank 2008, S.63).

Grundsätzlich haben weniger die Häufigkeit und die Intensität der Stressperioden einen entschiedenen Einfluss auf das subjektive Belastungserleben der Kinder, sondern vielmehr die Art und Weise, wie mit der Belastung umgegangen wird.

Deshalb ist es wichtig, dass Kinder lernen mit Stressoren umzugehen und Ressourcen besitzen, die ihnen beim Umgang mit Problemen und Belastungen in der Schule helfen und die Stresswaage wieder ins Gleichgewicht bringen (vgl. Seiffge-Krenke & Lohaus 2007, S.15).

Im Umgang mit Stress- und Belastungsbewältigung gibt es grundsätzlich zwei verschiedene Ansätze: Eine Möglichkeit besteht darin, dass man das Kind in seinem Stressbewältigungsverhalten unterstützt. Die zweite Möglichkeit besteht darin, die Situation, in der sich ein Kind befindet, so zu verändern, dass der Stress reduziert wird. Diese Ansatzmöglichkeiten werden im Folgenden beschrieben.

2.3.1 Änderung der Situation

Es gibt in der Grundschule viele Stressauslöser, deren Ursache nicht im Kind selbst, sondern vielmehr in ungünstigen schulischen Bedingungen liegen. Diese Stressauslöser können verringert werden, wenn man gewisse situative Bedingungen in der Schule den Bedürfnissen des Kindes anpasst: In der Schule sollten die Räume möglichst so beschaffen sein, dass die Kinder in einer ruhigen Atmosphäre lernen können. Ständiger Verkehrslärm kann beispielsweise dazu beitragen, dass das Kind sich nicht richtig konzentrieren kann und durch den Lärm belastet wird. Darüber hinaus ist es wichtig, Ablenkungsquellen auf ein Minimum zu reduzieren. Weiterhin wäre es gut, wenn es für die Kinder in der Schule einen Ort gäbe, an den sie sich zurückziehen und erholen können, wenn sie es benötigen. Diese Rückzugszonen können zur Stressreduktion des Kindes beitragen (vgl. Lohaus & Domsch & Fridrici 2007, S. 48).

Auch die Sitzordnung und die Unterrichtsgestaltung spielen eine bedeutende Rolle, ob es zu Belastungen seitens des Kindes kommt. Bei der Sitzordnung kann den Sympathien und Antipathien der Kindern entgegengekommen werden. So lassen sich Streitereien reduzieren, wenn der Schüler neben einem Schüler sitzt, den er mag. Dabei sinkt das Stresspotential innerhalb der Klasse, weil die Aggressivität zwischen den Schülern nachlässt.

Im Hinblick auf die Unterrichtsgestaltung ist es wichtig, dass auf Phasen der Konzentration gerade in der Grundschule Phasen folgen, in denen spielerische Elemente in den Vordergrund gelangen und sich die Kinder erholen können. Somit ist ein Wechsel zwischen Belastung und Erholung sinnvoll (vgl. ebd., S.49)

Allerdings sind die oben genannten Bedingungen auch ziemlich idealistisch, denn es ist nicht immer möglich, in der Schule die situativen Bedingungen so zu verändern, dass Stressauslöser komplett vermieden werden können. Es lässt sich zum Beispiel kaum vermeiden, dass Schüler Klassenarbeiten schreiben, selbst wenn es viele Kinder gibt, die auf diese Situation mit erhöhten Stress reagieren. Deshalb ist es notwendig, das Stressbewältigungsverhalten der Kinder zu unterstützen und den Umgang mit Stresssituationen zu trainieren. Dadurch werden Grundlagen geschaffen, die den Kindern helfen, in ihrem weiteren Leben mit Stresssituationen besser zu Recht zu kommen und selbstständig handeln zu können (vgl. ebd., S.50).

Im Folgenden wird beschrieben, wie das Kind selbst Stress bewältigen kann.

2.3.2 Stressbewältigung durch das Kind

Damit ein Kind eine Stresssituation bewältigen kann, muss es eine Situation zunächst erst einmal als stressig wahrnehmen. Das Kind muss also lernen, welche Situationen für sich mit hoher Anspannung verbunden sind, damit es in diesen Situationen besonders auf Überlastungssignale achtet. Das Bemerken dieser Überlastungssignale ist ein weiterer Schritt zur Stressbewältigung. Ein Kind, das zum Beispiel in Anspannungssituationen mit Kopfschmerzen reagiert, muss erst lernen, schon frühe Anzeichen einer Kopfschmerzentstehung zu erkennen und dagegen anzuwirken (vgl. Lohaus & Domsch & Fridrici 2007, S.51). Dabei stellt sich die Frage, inwieweit Grundschulkinder schon die Fähigkeiten und Kompetenzen besitzen, körperliche Anzeichen für Probleme und Stress zu erkennen und eine Verbindung herstellen können, in welchen Situationen gewisse Überlastungssignale auftreten. Im Hinblick auf die kindliche Entwicklung ist dazu zu sagen, dass je älter die Kinder in der Grundschule werden, desto besser gelingt es ihnen auch

Probleme und körperliche Überlastungssignale zu beschreiben und eigene Bewältigungsstrategien abzuleiten. Kinder der ersten Klasse können sehr wohl äußern, dass es ihnen nicht gut geht und auch warum es ihnen nicht so gut geht, während Kinder der vierten Klasse bereits ein Repertoire an Bewältigungsstrategien aufgebaut haben. Deshalb ist es wichtig, die Kinder Schritt für Schritt an das Thema „Stress und Belastungen in der Grundschule" heranzuführen und ihren Entwicklungsstand im Hinterkopf zu behalten (vgl. Haug-Schnabel & Bensel 2011, S.137).

Dabei kann es besonders für Kinder der unteren Klassenstufen hilfreich sein, die Symptome von Stress und die Merkmale von Entspannung wie in der folgenden Abbildung gegenüber zu stellen:

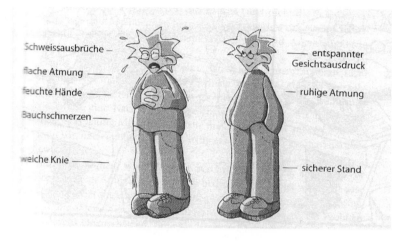

Abb. 2: Symptome von Stress und Merkmale von Entspannung (aus: Lohaus & Domsch & Fridrici 2007, S.51).

Gemeinsam kann so mit den Kindern aufgemalt werden, wie sie ihre eigenen Belastungssignale erkennen. So lernen sie früh, Reaktionen ihres Körpers auf mögliche Stresssituationen Ernst zu nehmen.

Zusätzlich zum Erkennen von Stresssituationen und Überlastungssignalen sind eine angemessene Bewertung von potentiell stressauslösenden Situationen und hinreichende Bewältigungspotentiale wichtige Bestandteile zur Reduktion des Stresserlebens.

Im Hinblick auf die Bewertung einer Situation ist es generell schwer in schwierigen Situationen Gedanken hervorzurufen, die gerade zur Problemlösung beitragen. Vielmehr verfällt man häufig in Gedanken wie „Das schaffe ich doch nie" oder „Bei mir läuft doch eh immer alles schief". Diese negativen Gedanken werden auch als Stressgedanken bezeichnet, weil sie den Stress eher weiter erhöhen, als ihn zu verringern (vgl. Lohaus & Domsch & Fridrici 2007, S.52). Deshalb ist es wichtig, den Kindern beizubringen mit belastenden Situationen auch positiv umzugehen. Dabei können Gedanken wie „Ich bin gut vorbereitet, also schaffe ich es auch" oder „Ich bin heute richtig gut drauf, also wird alles gelingen" helfen, mit einem positiven Gefühl an ein Problem heranzutreten. Solche Gedanken werden als Anti-Stress-Gedanken bezeichnet. Sie helfen durch positives Zureden eine Situation als weniger bedrohlich einzustufen und dabei den Stress zu reduzieren. Wichtig ist es, dass Kinder früh lernen, positiv zu denken. Denn mit positiver Stimmung erscheinen Probleme vielmals in einem ganz anderen Licht. Hilfreich ist es deshalb, das Selbstkonzept der Kinder von Anfang an zu stärken (zum Beispiel durch Übungen und Trainings im Klassenverband) und ihre individuellen Stärken (und nicht die Schwächen) hervorzuheben, um das Selbstwertgefühl zu steigern (vgl. ebd., S.53).

Eigenes Beispiel: Matthias schreibt seine erste Klassenarbeit in der Grundschule. Die Lehrerin verteilt die Aufgabenzettel. Beim Ansehen des Aufgabenblattes plagen Matthias plötzlich Zweifel: „Nein, diese Aufgaben schaffe ich doch nie. Ich werde die Arbeit verhauen, da muss ich gar nicht erst anfangen". Immer wieder ruft sich Matthias diese Gedanken zu, so dass er es am Ende nicht schafft die Arbeit vollständig zu bearbeiten. In seiner ersten Klassenarbeit verursachten die Stressgedanken eine Blockade bei Matthias. Die Lehrerin spricht mit Matthias über seine Arbeit und erklärt ihm, dass er eigentlich sehr gut rechnen könnte. Einen Monat später schreibt Matthias seine zweite Klassenarbeit. Dieses Mal geht er die Sache positiver an und atmet erst einmal in Ruhe durch, bevor er sich an die Aufgaben setzt. Er redet sich zu „Ich kann das und auch meine Lehrerin hat mir gesagt, dass ich letztes Mal toll rechnen konnte" (Anti-Stress-Gedanke). Das Hervorrufen seiner Stärken hat ihm geholfen, positiv mit der Situation umgehen zu können.

Neben dieser Möglichkeit, stressauslösende Situationen durch positive Bewertung zu verringern, gibt es im Kindesalter noch vier weitere Bewältigungsstrategien:

a) Suche nach sozialer Unterstützung: Die Suche nach sozialer Unterstützung bedeutet, sich Hilfe aus dem Umfeld zu suchen, um ein Problem besser zu bewältigen. Diese Unterstützung kann durch die Familie, die Schule oder durch Freunde umgesetzt werden. Kinder, die sich auf ihr soziales Umfeld verlassen können und soziale Unterstützung erhalten, leiden weniger unter Stress als Kinder, die nicht die Möglichkeit der Inanspruchnahme sozialer Unterstützung haben (vgl. ebd., S.56). Wichtig ist es, dass Kinder Ansprechpartner haben, die ihnen zuhören, die ihre Bedürfnisse kennen, die sie nicht über- oder unterfordern und die bei Problemen unterstützen können. Auch wenn zum Beispiel die Eltern das Problem mit den Kindern nicht lösen können, hilft es den Kindern oftmals schon Verständnis und Zuspruch zu erhalten, um wieder positiv nach vorne zu schauen (vgl. Lohaus & Domsch & Fridrici 2007, S.57)

b) Emotionsregulierende Strategien: Emotionsregulierende Strategien helfen dabei, Gefühle und die körperliche Erregung, die sich als Reaktion auf eine Belastung zeigen, in den Griff zu bekommen. Techniken dabei sind die Einplanung von Ruhepausen, die Entspannung, aber auch das Herauslassen von Wut, Ärger und Enttäuschung (vgl. ebd., S.58).

Gerade in der Grundschule können der gezielte Einsatz von Spiel- und Erholungsphasen als Bewältigungsstrategie im Umgang mit Belastungen eingesetzt werden. Wichtig ist es darüber hinaus, dass die Kinder die Möglichkeit erhalten sich abreagieren können (zum Beispiel durch Austoben beim Spiel oder Boxen mit einem Boxsack) (vgl. Lohaus & Domsch & Fridrici 2007, S.59).

c) Problemorientierte Bewältigung: Die Problemorientierte Bewältigung richtet sich auf die Veränderung der stressauslösenden Situation. Die Kinder sollen lernen über eine Situation nachzudenken, nach Kompromissen zu suchen oder ihre Reaktion auf eine Stress auslösende Situation zu verändern (vgl. ebd., S.60). Dieses lässt sich unter anderem durch Rollenspiele und Verhaltensübungen trainieren, bei denen Situationen, die Stress in der Schule hervorrufen können, durchgespielt werden und dabei nach Lösungsmöglichkeiten gesucht wird. Dabei sind für die Kinder das rechtzeitige Erkennen einer persönlichen Stresssituation und der richtige Umgang mit dieser Situation von hoher Wichtigkeit. Es geht also um aktive Wege ein Problem zu lösen und Kindern Tipps mit auf den Weg zu geben, wie sie ihre eigenen Ressourcen einsetzen können. Dabei muss natürlich der emotionale Zustand des Kindes und seine Entwicklung beachtet und darauf aufbauend nach passenden Übungen gesucht werden (vgl. ebd., S.61).

d) Problemvermeidende Bewältigung: Neben den bereits genannten Bewältigungsstrategien zur Vermeidung negativer Stressfolgen, gibt es auch die Möglichkeit, ein Problem zu ignorieren (vgl. ebd., S.61). Hierbei gibt es vielfältige Möglichkeiten: Von der Ablenkung durch Sporttreiben oder mit Freunden treffen bis hin zur Ablenkung durch Computerspielen oder stundenlangem Fernsehen. Es muss in diesem Kontext aber auch an den übermäßigen Verzehr von Süßigkeiten und Fast Food gedacht werden, der den Kindern hilft ihre Probleme für einen Moment zu vergessen, dennoch aber zu schwerem Übergewicht führen kann (was wiederum neue Probleme auslösen kann). Das eigentliche Problem wird bei dieser Bewältigungsstrategie jedoch nicht gelöst, sondern eher vermieden, so dass längerfristig gesehen mit negativen Auswirkungen auf das Selbstvertrauen gerechnet werden muss (vgl. ebd., S.62).

Die folgende Tabelle stellt noch einmal zusammenfassend dar, welche Interventionsmöglichkeiten es explizit im Raum der Grundschule gibt, um Probleme und Belastungen zu verringern:

	Institutionelle Möglichkeiten	Individuelle Möglichkeiten
Probleme minimieren	• Steitschlichterpro-gramme • Positives Klassenklima • Transparenz der Beurteilungspraxis	• Fördermaßnamen im Leistungsbereich • Gewaltprävention auf Schülerebene (z.B. Coolnesstraining) • Entspannungstech-niken
Günstige Problembewältigung fördern	• Probleme und ihre Bewältigung als Thema im Unterricht (z.B. Umgang mit der Stresswaage erlernen), spezielle Projekte auf Schulebene	• Übungen zum Umgang mit Wut und Aggressionen • Problemsituationen direkt aufgreifen und besprechen • Rollenspiele
Persönlichkeit des Kindes stärken	• Individuelle Bezugsnormen für die Kinder schaffen • Positives Klassenklima • Rückmeldungen so gestalten, dass auch die Stärken des Kindes betont werden	• Programme zur Stärkung der Persönlichkeit und des Selbstvertrauens
Unterstützung auf- bzw. ausbauen	• Schulpatentschaften • Klima der Kooperation zwischen Schülern und Lehrern, sowie deren Eltern • Lehrkräfte als Helfer herausstellen • Professionelle Hilfe für Probleme bekanntmachen • Schülersprechstunden einrichten	• Förderung von Kooperation und gegenseitiger Hilfe unter Kindern • Programme zur Einübung der sozialen Kompetenz • Rituale/ Einrichtungen wie Problemkasten oder Gesprächsrunden (zum Beispiel soziales Gruppentraining), in denen Kindern ihre Belastungen äußern können

Abb. 3: Möglichkeiten der Intervention (aus: Frank 2008, S.321).

2.4. Zusammenfassung des theoretischen Teils und Folgerungen für die eigene Untersuchung (Zielsetzung und Fragestellung)

2.4.1 Zusammenfassung des theoretischen Teils

Im Hinblick auf die theoretischen Grundlagen dieser Untersuchung lässt sich zusammenfassen, dass Kinder jeden Tag in der Grundschule mit Anforderungen, Ereignissen oder Themen konfrontiert werden können, die sich für sie als Belastungen herausstellen. Jeden Tag kann es erneut zu Problem beziehungsweise Stresssituationen kommen, die das Kind in seinem Handeln nachhaltig beeinflussen können.

Das Stresskonzept nach Lazarus und Launier hilft uns dabei, das Entstehen von Stress und Belastungen und die damit verbundenen Bewältigungsprozesse zu erklären. Stress ist ein Konstrukt, das in der Interaktion zwischen einer Person und einer Situation betrachtet wird. Dabei wird ein Ereignis durch zwei Bewertungsprozesse – der „Einschätzung der Situation" und der „Ressourceneinschätzung" – zu einer möglichen Belastung.

In der Schule selbst gibt es viele Situationen und Anforderungen, die von außen betrachtet, als belastungsbehaftet betrachtet werden können. Jedoch ist hierbei wichtig, dass erst die Bewertung des einzelnen Schülers im Hinblick auf die gegebenen Ereignisse und Anforderungen eine Situation zu einer Belastung macht. Wenn das Kind diese Situation nicht bewältigen kann, sei es durch eigene Ressourcen oder durch äußere Hilfe, so kann dieses Konsequenzen für das Wohlbefinden und die Gesundheit des Schülers haben.

2.4.2 Folgerungen für die eigene Untersuchung (Zielsetzung und Fragestellung)

In dieser Untersuchung zum Thema „Belastung von Kindern im Grundschulalltag" wird der Frage nachgegangen, welchen schulischen Belastungen Kinder der ersten Klasse ausgesetzt sind.

Wie im theoretischen Teil erwähnt, lassen sich nach Frank (2008) besonders drei große Erfahrungsbereiche nennen, die als hauptsächliche Quellen von Belastungen in der Schule benannt werden können: *„Lernen und Unterricht", „Lehrer", und „Mitschüler"* (vgl. Frank 2008, S.151).

In einer quantitativen Studie mit insgesamt 210 Kindern der ersten bis vierten Klasse fand Frank heraus, dass es im ersten Erfahrungsbereich *„Lernen und Unterricht"* verschiedene

Belastungssituationen gibt, die von den Kindern als sehr unterschiedlich belastend eingeschätzt werden. Die größte Belastung ist für die Stichprobe die Situation „Wenn ich eine schlechte Note/ ein schlechtes Ergebnis bekomme" und „Wenn ich in einem Fach schlecht bin/schlechter werde". Diese Situationen werden von 31,4% bzw. 26,2% der Kinder als „ganz schlimm" bewertet. Die nächst größte Belastung ruft im Unterricht die Situation hervor „Wenn ich nicht verstehe, was im Unterricht erklärt wird". Insgesamt 16,7% der Schüler bewerten dieses als ganz schlimm, 23,8% als schlimm. Ähnlich belastend ist auch im Bereich der Hausaufgaben die Situation „Wenn ich nicht mit den Hausaufgaben zurechtkomme". 15,7% der Kinder empfinden dieses als „ganz schlimm" und 21,4% als „schlimm". Wenn man diese Häufigkeiten vergleicht, so sind es tatsächlich die schlechten Noten, die Kinder im Bereich „Lernen/Unterricht" am meisten belasten. Dazu gehört auch die Wahrnehmung der Kinder, in einem Fach schlecht zu sein oder mit den Anforderungen, die an sie gestellt werden (Hausaufgaben) nicht zu Recht zu kommen (vgl. Frank 2008, S.218 f.).

Im zweiten Erfahrungsbereich „Lehrer" entstehen für die befragten Schüler besonders große Belastungen „Wenn ein Lehrer/ eine Lehrerin mich auslacht" (52,4%). Dieses ist aber bei den befragten Kindern zu nur 3,4 % passiert und spielt somit im Schulalltag kaum eine Rolle. Einen weiteren großen Belastungsfaktor stellt für die Kinder die Situation „Wenn ein Lehrer/ eine Lehrerin mir eine schlechtere Note gibt, als ich verdient habe" (60%) dar. Dieses ist in 24,8% der Fälle schon einmal passiert. Die dritte große Belastung entsteht durch die Ungleichbehandlung der Kinder durch die Lehrkraft. Dieses sehen 47,6% der Kinder als Belastung an. 16,2% der befragten Kinder erlebten nach ihrer Ansicht schon eine solche Situation. Insgesamt spielt damit auch hier wieder der Bereich der „schlechten Noten" eine große Rolle (vgl. Frank 2008, S.222 f.).

Im letzten Erfahrungsbereich – den „Mitschülern" – sind die Kinder in der Grundschule am meisten damit belastet, von anderen Kindern im Unterricht gestört und Beleidigungen ausgesetzt zu werden. Insgesamt 51,0% der Schüler fühlten sich im Unterricht durch andere Kinder gestört, 48,6% der Schüler machten schon die Erfahrung durch andere Kinder beleidigt worden zu sein. Im Mittelfeld im Bezug auf die tatsächliche Belastung finden sich Ursachen wie „Streit mit Freunden" und „ausgelacht zu werden", die die Schüler zu 38,5% und 26,2% schon im Grundschulalltag erlebt haben. Am wenigsten belastet sind die Kinder davon „nicht (mehr) gemocht" zu werden und „bei den anderen Kindern nicht mitspielen" zu dürfen. Jedoch kommen auch diese Situationen mit 27,1% und 31,9% häufig im Grundschulalltag vor (vgl. ebd., S.214).

Diese drei großen Erfahrungsbereiche des Grundschulalltags werden in meiner Untersuchung aufgenommen und auf Belastungen hin analysiert. Im Zentrum dieser empirischen Untersuchung steht die subjektive Wahrnehmung des Kindes, da es sich wie in der oben angeführten Definition bei Stress- und Belastungsempfinden, um ein ausschließlich subjektiv wahrnehmbares Phänomen handelt. Deshalb wird die Fragestellung mit qualitativen Forschungsmethoden behandelt, die gegenüber den quantitativen Forschungsmethoden individuelle Muster betrachten. Dazu entwickelte ich einen Leitfaden, der Fragen zu den verschiedenen Erfahrungsbereichen enthielt (siehe Anhang Nr.1).

Die oben genannte Forschungsfrage kann aufbauend auf diesen Fragebogen durch folgende zentrale Fragen konkretisiert und erweitert werden:

- Werden Kinder durch Unterricht und Leistungsanforderungen belastet?
- Welche Beziehung haben die Kinder zu ihren Lehrern und Mitschülern?
- Wie gefällt den Kindern der Unterricht?
- Wie gehen sie mit dem Thema „Hausaufgaben" um?
- Auf welche Art und Weise gehen sie mit Problemen um?
- Was wünschen sie sich für ihre Schulzeit?

Ziel dieser Studie ist es, bewusst die Perspektive des Kindes darzulegen, um deutlich zu machen, wie Kinder ihren Schulalltag sehen und spüren.

Deshalb wird in der Untersuchung nicht auf jede erdenkliche Belastung eingegangen, die aus dem Erfahrungsraum der Schule entstehen könnte. Darüber hinaus ist es aufgrund des qualitativen Forschungsansatzes dieser Studie nicht möglich, allgemeingültige Ergebnisse zu liefern. Vielmehr geht es in dieser Untersuchung darum individuelle Muster herauszuarbeiten und die Perspektive des Schülers in den Mittelpunkt zu stellen.

3 Methodisches Vorgehen bei der Erhebung

3.1 Erhebungsmethode

In der vorliegenden Untersuchung werden qualitative Forschungsmethoden verwendet, um der oben genannten Fragestellung nachzugehen. Qualitative Forschungsmethoden haben für diese Untersuchung den Vorteil, dass sie subjektive Sichtweiten berücksichtigen und individuelle Handlungsmuster nachzeichnen (vgl. Reinders 2005, S.21).

Mit Hilfe eines Leitfadeninterviews und einer Handpuppe werden die Kinder zu ihrem Grundschulalltag befragt. Ziel dieser Methode ist es meine Person als Interviewer auszublenden und die Handpuppe stellvertretend für mich die Fragen stellen zu lassen, damit sich die Kinder aus der ungewohnten Situation des „Ausfragens durch einen Erwachsenen" heraus denken können (vgl. Trautmann 2010, S.77). Die Puppe, in meinem Fall „Leo, der Löwe" übernimmt nach einer kurzen Einleitung und Vorstellung die Rolle des Interviewers und damit die Gesprächsführung anhand des vorher angefertigten Leitfadens.

Das Leitfadeninterview zeichnet sich durch Themenlisten aus, die während des Interviews bearbeitet werden. Generell ist es bei einem Leitfadeninterview wichtig, dass es den drei Prinzipien der qualitativen Forschungsmethoden *a) Offenheit, b) Prozesshaftigkeit und c)Kommunikation* entspricht.

Offenheit bedeutet, dass die Gestalt des Leitfadens offen und flexibel gehalten wird. Der Leitfaden muss und kann nicht bei allen Interviews in identischer Form gehalten werden, sondern sollte offen sein für neue Informationen, die die Interviewten liefern (vgl. Reinders 2005, S.152).

Prozesshaftigkeit besagt, dass die Bedeutungen der Aussagen von Personen nicht statisch sind, sondern aufgrund von sozialen Interaktionen Veränderungen unterliegen können. Deshalb ist es wichtig im Leitfaden nicht nur danach zu fragen, wie Dinge aktuell vom Interviewten gesehen werden, sondern auch herauszufinden, ob in der Vergangenheit andere Sichtweisen oder Beweggründe vorgeherrscht haben und wie beziehungsweise warum sich diese geändert haben (vgl. Reinders 2005, S.154).

Darüber hinaus sollten durch das Prinzip der *Kommunikation* die Fragen verständlich und nicht zu kompliziert formuliert werden und sich am alltäglichen Sprachgebrauch des Befragten, in meinem Fall den Kindern der ersten Klasse, orientieren (vgl. ebd., S.155).

Diese drei Prinzipien sind grundlegend für den Leitfaden (siehe Anhang Nr.1), den ich zur Befragung der Kinder angefertigt habe. Die Fragen sind generell offen gehalten und nicht von Beginn auf das Thema „Belastungen" abzielend. Dieses gewährleistet, dass die Kinder selbst darstellen können, was für sie momentan im Grundschulalltag von Bedeutung ist. Auch die Bedeutung, wie und warum es zu den Belastungen kommt, wird im Leitfaden hinterfragt. Die Fragen im Leitfaden sind recht kurz gehalten und folgen einem einfachen Sprachgebrauch, damit die Kinder die Fragen auch verstehen.

Der zur Befragung angefertigte Leitfaden startet mit einem kurzem „warming up", welches das Kind durch die Frage „Erzähl mir doch mal etwas über deine Schule" in das Thema hineinführen soll. Anschließend folgen Fragen zu den Themenblöcken „Unterricht und Lehrerverhalten", „Hausaufgaben" und „Mitschüler und Pausenverhalten". Darüber hinaus beinhaltet der Leitfaden noch Fragen zur „Lösung von Problemen in der Schule" und einen „Ausblick für die weitere Schulzeit". Schließlich endet das Interview mit einer „Auflösungs- und Verabschiedungsphase", in der sich die Handpuppe vom Kind verabschiedet und ich die weitere Gesprächsführung übernehme.

In dieser Studie werden, wie oben beschrieben, die Kinder selbst zu ihrem Schulalltag und ihrem Belastungsempfinden befragt, um etwas über ihren individuellen Standpunkt zu erfahren. Dieses ist auch gerade deshalb notwendig, da Stress- und Belastungsempfinden subjektive Faktoren sind, die nicht bei jedem in den gleichen Situationen entstehen. Dennoch stellt sich dabei natürlich die Frage, inwieweit Kinder der ersten Klasse verlässliche Interviewpartner sein können. Potenzielle Hindernisse könnten sein, dass sie die Fragen noch nicht verstehen. Ein weiteres Problem könnte sein, dass sie Fragen nach der sozialen Erwünschtheit und damit im Hinblick auf die potentielle Meinung des Interviewers hin, beantworten und ihren eigene Meinung außen vor lassen. Darüber hinaus stellt sich die Frage, ob Kinder es schaffen für das Thema relevante Erinnerungen zu beschreiben und inwieweit sie es schaffen sich für die Zeit des Interviews zu konzentrieren (vgl. Hössl & Vössler 2006, S.45).

Trautmann (2010) schlägt deshalb vor bei Interviews mit Kindern vorab die Phasen kindlicher Entwicklung zu betrachten, da sie ein Richtmaß geben, welche Antwortqualitäten man erwarten kann:

„Wenn wir Erstklässler befragen können Interviewer davon ausgehen, dass das Kind ein festes Bewusstsein seiner selbst hat. Es vermag, die eigenen Gefühle von denen anderer zu unterscheiden und Wirklichkeit und Schein zu trennen. Die Sprache wird weitgehend korrekt gebraucht und komplexe Geschichten können erzählt werden. Zwar wird über Gesagtes noch wenig reflektiert, dies steht aber einer erfolgreichen Kommunikation nicht im Wege, zumal die meisten Kinder bereits bewusst lügen können. Letztlich bringt das fotografische Merkgedächtnis nicht nur viele Eltern beim Vorlesen von Märchen ins Schwitzen, sondern bringt Interviewerinnen exakte Informationen über Gegenwärtiges" (Trautmann 2010, S.46).

Somit ist die Durchführung von Interviews mit Kindern der ersten Klasse generell kein Problem. Ähnliche Erfahrungen machen auch Hössl & Vösslauer (2006) in ihrer Untersuchung zum Thema „Bildungsverläufe in der Grundschule". Sie stellen fest, dass Kinder in der ersten Klasse sprachlich durchaus fähig sind, ihre Erfahrungen mit der Schule zu formulieren, dass sie in der Lage sind auch längere Interviews durchzuführen, und dass es vielmehr nicht eine Frage des Alters der Kinder in der Grundschule, sondern eine Frage der Persönlichkeit und des persönlichen Befindens ist, welche Informationen Kinder in Interviews Preis geben (vgl. Hössl & Vösslauer 2006, S. 45f.).

Diese Erfahrungen machte auch ich mit den von mir befragten Kindern. Denn auch sie waren durchaus fähig, ihre Erfahrungen mit der Schule zu äußern und sich für die Zeit des Interviews nicht ablenken zu lassen. Somit sind Kinderinterviews eine gute Methode um mehr über die Lebenswelt und den Erfahrungsraum des Kindes zu erfahren und die Perspektive des Kindes einzunehmen.

3.2 Pretest

Um sicher zu gehen, dass die Fragen meines Leitfadens für Kinder der ersten Klasse verständlich sind und der Fragebogen nicht zu lang ist, führte ich einen Pretest, also eine Probemessung bei einem Kind aus meinem Bekanntenkreis durch. Das Kind geht in die erste Klasse und entspricht somit dem Alter meiner Stichprobe. Ich stellte dem Kind die Fragen des angefertigten Leitfadens und war dabei aufmerksam, ob es bestimmte Verständnisprobleme seitens des Kindes gab. Die Fragen des Leitfadens konnte das Kind gut beantworten und auch die Zeit, die das Interview in Anspruch nahm, war für das Kind, wie es mir mitteilte, nicht zu lang. Somit half mir der Pretest bei der Einschätzung der Interviewsituation und gab mir Sicherheit für die Durchführung der weiteren Interviews.

3.3 Stichprobengenerierung, Feldzugang und Durchführung

Die qualitative Forschung zielt nicht darauf ab, Aussagen zu treffen, die über die befragte Person hinaus Gültigkeit besitzen. Qualitative Studien betrachten vielmehr das Besondere des Einzelfalls. Deshalb ist es nicht relevant, wie viele Personen in der qualitativen Interviewstudie befragt werden, sondern *wer* befragt wird (vgl. Reinders 2005, S.135).

Aufgrund meiner zu Beginn festgelegten Forschungsfrage ergeben sich Kriterien, die die Stichprobe erfüllen soll:

Für die vorliegende Untersuchung werden nach dem durchgeführten Pretest (siehe Kapitel 3.2) Kinder gesucht, die in die erste Klasse der Grundschule gehen. Dabei ist es keine Voraussetzung für das Interview, dass bei den Kindern bereits Belastungen, die durch die Anforderungen des Grundschulalltags entstehen können, beobachtet und diagnostiziert wurden. Vielmehr ist es wichtig, dass die Kinder selbst über potentielle Belastungen Auskunft geben, ohne dass ich als Interviewerin vorab durch bereits gestellte Diagnosen beeinflusst werde. Darüber hinaus lag mein Augenmerk darauf, dass die Kinder freiwillig an der Studie teilnehmen möchten, denn sie zur Befragung zu zwingen ist nicht nur aus ethischen Gründen abzulehnen. Diese Interviews mit den Kindern hätten wahrscheinlich nicht zu einem befriedigenden Ergebnis geführt und die Interviewsituation wäre sehr unbehaglich und gekünstelt gewesen, wenn sich die Kinder nicht freiwillig für das Interview entschieden hätten (vgl. Reinders 2005, S.146).

Die Interviewpartner fand ich in zwei ersten Klassen in einer Grundschule in Nordrhein-Westfalen.

Für die Interviews erklärten sich drei Jungen und ein Mädchen bereit. Daraufhin kontaktierte ich die Eltern der Kinder, die den Interviews zustimmten. Die Namen und Wohnorte der Kinder wurden verändert, um eine Identifikation der Kinder auszuschließen. Zur Stichprobe ist noch zu nennen, dass alle Kinder Geschwister haben und mit beiden Elternteilen aufwachsen. Sie sind im Alter von sechs bis sieben Jahren und gehen momentan zwischen 20 und 22 Stunden in der Woche zur Schule. Nachmittags sind alle Kinder noch ein- bis zweimal die Woche im Sportverein aktiv.

Die folgende Tabelle stellt die Merkmale der Stichprobe noch einmal zusammen:

Fall	Alter	Klasse	Biologisches Geschlecht	Hobbies	Schulstunden in der Woche
Lars	7	1	Männlich	Handball, Freunde treffen, draußen Spielen	22 (davon je eine Stunde Förderunterricht und eine Stunde Lesen mit dem Lesepaten)
Mathis	7	1	Männlich	Fußball spielen, Freunde treffen	20
Nikolas	6	1	Männlich	Handball spielen, Schwimmen und mit Freunden verabreden	22 (davon je eine Stunde Förderunterricht und eine Stunde Lesen mit dem Lesepaten)
Martina	7	1	Weiblich	Freunde treffen, Handball spielen und Fahrrad fahren	21 (davon eine Stunde Förderunterricht)

Abb. 4: Darstellung der Stichprobe

Zur Durchführung der Interviews: Die Eltern der befragten Kinder kannten sich untereinander ein wenig und fragten mich, ob es möglich wäre, die Interviews im Kinderzimmer von Lars (eines der befragten Kinder) stattfinden zu lassen. Diesen Vorschlag fanden auch die Kinder gut, weil sie während des Wartens auf ihr Interview mit den anderen Kindern spielen konnten. Somit nahm ich ihren Vorschlag an und führte die Interviews im März 2012 im Kinderzimmer von Lars durch. Bevor ich die Kinder interviewte, erklärte ich ihnen den Ablauf und das Thema meiner Erhebung.

Die Idee, dass alle Kinder am gleichen Ort waren, stellte sich nach Durchführung der Interviews als sehr gut heraus, weil sich die Kinder gegenseitig die Angst vor dieser neuen Situation nahmen. Die Kinder, die zuerst befragt wurden, konnten den anderen Kindern schon einmal erzählen, worum es in meiner Befragung geht. Dabei hatten die Kinder die Möglichkeit ins Gespräch über ihre Schulzeit zu kommen. So waren alle Kinder sehr entspannt und freuten sich darauf, mir etwas über ihren Grundschulalltag zu erzählen. Die Interviews haben insgesamt eine Länge von 05:52 Minuten bis 09:42 Minuten.

3.4 Aufbereitungs- und Auswertungsverfahren

3.4.1 Transkription

Um die durchgeführten Interviews später besser analysieren zu können wurden sie vom Audioformat in Textform gebracht. Dieses Verfahren nennt man Transkription:

> „Unter Transkription versteht man die graphische Darstellung ausgewählter Verhaltensaspekte von Personen, die an einem Gespräch (z.B. einem Interview oder einer Alltagsunterhaltung) teilnehmen. […] Transkripte sind nötig um das flüchtige Gesprächsverhalten für wissenschaftliche Analysen auf dem Papier dauerhaft verfügbar zu machen" (Kowal & O´Connel 2000, S.438).

Nach Flick (2007) hat sich beim transkribieren bisher kein Standard durchsetzen können. Die Transkripte dieser Arbeit wurden (zum größten Teil) in Standardorthographie angefertigt. Dieses bedeutet, dass das gesprochene Wort nach den Regeln der deutschen Rechtschreibung verschriftlicht wird. Ausnahmen wurden beispielsweise im Fall von Füllwörtern wie „Hm" oder „Ähm" gemacht, die sich nicht eindeutig zu den Regeln der deutschen Rechtschreibung zu ordnen lassen. Diese Wörter wurden so geschrieben, wie sie ausgesprochen werden. Weiterhin wurden bei der Transkription folgende Regeln benutzt:

Notation	Bedeutung/ Anwendung
(.)	Kurze Sprechpause (zum Beispiel bei Wortwiederholungen)
(Pause)	Längere Pause
...	Die Aussage des Interviewten ist nicht abgeschlossen.
(...)	Nicht verständliche Aussage des Interviewten
[Kommentar]	Vom Transkribierenden eingefügter Kommentar, der nicht zu den Aussagen des Interviewten gehört (Interpretation)
(Lacht) / (Hustet) / (Schnieft)	Charakterisierung nicht-sprachlicher Vorgänge → steht an der Stelle, an der der Vorgang passierte

Abb. 5: Transkriptionsregeln

3.4.2 Qualitative Inhaltsanalyse

Nachdem die Interviews durch die Transkription aufbereitet wurden, erfolgte die Auswertung der Daten anhand der qualitativen Inhaltsanalyse nach Mayring. Diese Methode ermöglicht es, jedes Material, das einer Kommunikation entstammt, systematisch zu analysieren. Die Stärke des Verfahrens gegenüber anderen Interpretationsverfahren liegt dabei darin, dass die

Analyse in verschiedene Interpretationsschritte zerlegt wird, die vorab definiert werden. Somit ist das Verfahren für andere nachvollziehbar und intersubjektiv überprüfbar. Ebenso ist es auf jedes kommunikative Material übertragbar (vgl. Mayring 2010, S.59). Um die Präzision der Inhaltsanalyse zu erhören werden zunächst *Analyseeinheiten* festgelegt:

> „Die *Kodiereinheit* legt fest, welches der kleinste Materialbestandteil ist, der ausgewertet werden darf, was der minimale Textteil ist, der unter eine Kategorie fallen kann. Die *Kontexteinheit* legt den größten Textbestandteil fest, der unter eine Kategorie fallen kann. Die *Auswertungseinheit* legt fest, welche Textteile jeweils nacheinander ausgewertet werden" (Mayring 2010, S.59).

Das Ablaufmodell der Analyse besteht insgesamt aus fünf Schritten, in dessen Zentrum die Entwicklung eines Kategoriensystems steht. Diese Kategorien werden aus einem Wechselspiel von Theorie (der Fragestellung) und dem erhobenen Material definiert und während der Analyse überarbeitet und geprüft. Schließlich werden die Ergebnisse im Hinblick auf die Fragestellung interpretiert. Nach Mayring ergibt sich somit folgendes Ablaufmodell:

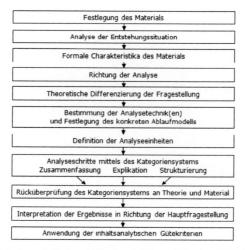

Abb. 6: Allgemeines inhaltsanalytisches Ablaufmodell (aus: Mayring 2010, S.60).

Um das Material schließlich zu interpretieren nennt Mayring drei „Grundformen des Interpretierens" (Mayring 2010, S.63): *die Zusammenfassung, die Explikation und die Strukturierung.* In dieser Arbeit wird die Methode der Strukturierung verwendet. Ziel dieser Methode ist es, aus dem Material bestimmte Aspekte unter vorher festgelegten Ordnungskriterien (deduktive Kategorienauswertung) herauszufiltern, und so einen Querschnitt durch das Material zu legen. Dieses verläuft anhand von drei Schritten:

1. Die Kategorien werden definiert: Es wird dabei genau festgehalten, welche Textbestandteile zu einer Kategorie fallen.

2. Ankerbeispiele aus den Interviews suchen: Es werden konkrete Textstellen angeführt, die unter die vorher definierte Kategorie fallen und als Beispiel für diese Kategorie dienen sollen.

3. Kodierregeln: Es werden Regeln formuliert, um eindeutige Zuordnungen zu den Kategorien zu ermöglichen (vgl. ebd., S.92).

Beispiel: Für mein Forschungsinteresse ergab sich unter anderem folgende Einteilung (die weiteren Kategorien, Ankerbeispiele und Kodierregeln befinden sich im Anhang):

1. Kategorie 2 „Erfahrungsbereich Lehrer": Zum Erfahrungsbereich des Lehrers zählen alle Aussagen des Kindes über seinen Klassenlehrer oder weitere Lehrer, die im Schulalltag des Kindes eine wichtige Rolle spielen. Dazu gehören Aussagen zu seiner Person, sowie seine Handlungen und Aussagen zur Beziehung des Kindes zum Lehrer.

2. Ankerbeispiel: „Frau Müller, die ist unsere Klassenlehrerin. Die ist sehr nett. Und wir gehen manchmal in den Computerraum mit der. Da hilft sie mir immer den Computer hochzufahren."

3. Kodierregel: Steht eine Formulierung des Kindes im Zusammenhang mit dem Erfahrungsbereich Lehrer, so wird diese zu den Fundstellen gezählt.

Um zu überprüfen, ob die Kategorien überhaupt greifen und ob die Definitionen, Ankerbeispiele und Kodierregeln eine eindeutige Zuordnung zulassen, wird das Material zunächst ausschnittsweise angesehen. Dieser Probedurchgang unterteilt sich, wie auch später der Hauptdurchgang in zwei Arbeitsschritte. Als erstes werden die Textstellen im Material bestimmt, in denen die Kategorie angesprochen wird. Diese „Fundstellen" können durch eine Notierung am Rand oder durch farbiges Unterstreichen gekennzeichnet werden. Im darauf folgenden Schritt wird das Material je nach Ziel der Strukturierung bearbeitet und aus dem Material herausgeschrieben (vgl. Mayring 2010, S.92).

Das Ziel dieser Untersuchung war es eine *inhaltliche Strukturierung* durchzuführen. Dieses bedeutet, dass das Material zu bestimmten Themen und Inhaltsbereichen extrahiert und zusammengefasst wird. Dazu werden, wie oben beschrieben, Hauptkategorien und wenn nötig Unterkategorien zu verschiedenen Themenblöcken gebildet, die dann zusammengefasst und analysiert werden. Im Fall dieser Studie entstanden nach dem Probedurchgang und dem späteren Hauptdurchgang die Kategorien „Erfahrungsbereich Lehrer", „Erfahrungsbereich

Mitschüler" und „Erfahrungsbereich Lernen/Unterricht" (siehe Anhang Nr.6), die sich aus den im theoretischen Teil dieser Arbeit dargestellten potentiellen Belastungsbereichen (Kapitel 2.2) und dem darauf aufbauenden Leitfaden (siehe Anhang Nr.1) ergaben. Diese Kategorien wurden im Hinblick auf mögliche Belastungen und Bewältigungsstrategien untersucht.

4 Darstellung der Ergebnisse

Nachdem im vorherigen Kapitel gezeigt wurde, wie die Daten erhoben und aufbereitet wurden, werden im Folgenden die wichtigsten Ergebnisse der durchgeführten Untersuchung dargestellt.

Bei den vier durchgeführten Interviews zum Thema „Belastungen im Grundschulalltag" zeigt sich zuerst, dass die Kinder sehr gut über ihre Schulzeit und ihren Schulalltag erzählen können. Dabei fällt auf, dass die befragten vier Erstklässler generell wenig negative Erlebnisse und Erfahrungen im Zusammenhang mit ihrem Schulalltag nennen. Dieses kann zum einen daran liegen, dass sie ihre bisherige Schulzeit (die ja noch nicht allzu lang ist) ohne große Schwierigkeiten durchlaufen konnten und deshalb keine Belastungen spüren. Auf der anderen Seite kann die Ursache aber auch sein, dass sie nicht gerne über Belastungen und Schwierigkeiten, gerade vor einer erwachsenen Person, sprechen.

Alle vier Erstklässler berichten darüber, dass sie gerne zur Schule gehen und sowohl ihre Lehrer als auch ihre Mitschüler mögen. Darüber hinaus haben alle gute Freunde in der Klasse. Diese Ergebnisse stehen auch im Zusammenhang mit einer Studie von Helmke (1997) aus der sich ergab, dass die Einstellung zur Schule in den ersten Schuljahren sehr positiv ist. Von Belastungen, die im Zusammenhang mit schulischen Anforderungen stehen berichten Kinder der ersten Klasse nach Helmke weniger. Dennoch war es Ziel dieser Untersuchung herauszufinden, ob auch Kinder der ersten Klasse durch den Grundschulalltag belastet werden. Deshalb wird im Folgenden nun etwas genauer darauf eingegangen, inwiefern die Kinder der ersten Klasse für sich mögliche Belastungen nennen, die im Zusammenhang mit ihrem Grundschulalltag stehen. Die zusammenfassende Auswertung der Ergebnisse erfolgt dabei nach den zuvor festgelegten drei großen Erfahrungsbereichen und Kategorien *„Lernen und Unterricht", „Lehrer" und „Mitschüler".*

4.1. Lernen und Unterricht

Im Bereich des Lernens und Unterrichts lassen sich aus den Interviews mit den Kindern der ersten Klasse folgende Schlussfolgerungen ziehen:
Bei allen Kindern ist festzustellen, dass ihnen der Unterricht Spaß macht und dass sie das, was ihre Lehrer im Unterricht an Schulstoff erklären nach ihrer Wahrnehmung auch verstehen

(vgl. Transkript Nr. 001: Z 22 f.; Transkript Nr. 002: Z 16 f.; Transkript Nr. 003: Z 17f. und Z 63 f. und Transkript Nr. 004: Z16 f.). Jedes der Kinder hat ein Lieblingsfach, über welches das Kind mit Freude berichtet, sei es nun das Fach Deutsch, Mathe oder Kunst.

Dennoch können, wie im theoretischen Teil dieser Arbeit (siehe Kapitel 2.2.1) beschrieben, besonders dann Belastungen entstehen, wenn Kinder in Schulfächern über- beziehungsweise unterfordert werden. Aus den Interviews lässt sich herausarbeiten, dass es bei allen vier Kindern ein Schulfach gibt, das ihnen schwer fällt beziehungsweise weniger Spaß macht als andere Unterrichtsfächer:

Lars berichtet davon, dass er nicht so gut im Fach Mathematik ist und dass es ihm besonders schwer fällt, mit etwas größeren Zahlen zu rechnen und somit auch schwerere Aufgaben im Mathematikunterricht zu lösen. Dieses führt dazu, dass er auf andere Kinder neidisch ist, die in Mathe bessere Leistungen erbringen können als er selbst (vgl. Transkript Nr. 001: Z 55-77). Vielmehr mag er das Fach Deutsch, in dem es leichtere Aufgaben gibt, die er auch ohne Probleme lösen kann (vgl. Transkript Nr. 001: Z 103 ff.). Lars spricht im gesamten Interview immer wieder über das Fach Mathematik, beschreibt sogar, dass er im Deutschunterricht nach der kleinsten Zahl sucht (vgl. Transkript Nr. 001: Z 99), und stellt dem Interviewer (Leo, dem Löwen) Mathematikaufgaben („Hm, du guck mal, 400 plus 400, wie viel sind das?" (Transkript Nr. 001: Z 65)), um zu zeigen, was für ihn beim Rechnen Probleme auslöst. Über die Situation im Vergleich mit anderen Kindern seiner Klasse „nicht so gut in Mathe zu sein", scheint Lars sehr wohl nachzudenken. In der Frage: „Was er sich von einer guten Fee für seine weitere Schulzeit wünschen würde" (vgl. Transkript Nr. 001: Z 348) geht er, wie auch häufiger im Interview, wieder auf das Fach Mathematik ein und wünscht sich „in Mathe besser zu werden" (vgl. Transkript Nr. 001: Z 354).

Ähnliche Muster lassen sich auch in den Interviews von Martina und Nikolas finden. Auch sie benennen Mathematik als das Fach, was ihnen schwerer fällt als andere Schulfächer (vgl. Transkript Nr. 003: Z 29 f. und Transkript Nr. 004: Z 49ff.). Im Gegensatz zu Lars scheint es die beiden jedoch nicht so stark belasten, denn Martina hat, wie sie es selbst sagt, trotzdem „Spaß an Mathe" (vgl. Transkript Nr. 004: Z 55). Auch Nikolas erwähnt es nur kurz mit dem Satz „Ich kann nicht gut Zahlen rechnen und nicht gut bis 200 rechnen und das war es" (Transkript Nr. 003: Z 31). Weiterhin findet sich nur bei Martina die Thematik zum Ende des Interviews, in dem auch sie auf die Frage „Was wünschst du dir für deine weitere Schulzeit" mit der Antwort „Dass ich besser in Mathe bin" (Transkript Nr. 004: Z 222) antwortet.

Mathis hingegen findet das Schulfach „Kunst" nicht so gut, weil er sich dort im Unterricht langweilt. Er selbst sagt, dass er sich dort im Unterricht immer „komisch" fühlt, weil es ihm auch einfach keinen Spaß macht dem Unterricht zu folgen (vgl. Transkript Nr. 002: Z 46-56). Dieses könnte damit zusammenhängen, dass er im Unterricht unterfordert ist und keine Herausforderungen am Malen sieht. Viel lieber beschäftigt er sich deshalb mit Mathe und Sport (vgl. Transkript Nr. 002: Z 14 und Z 23).

Weitere Belastungen im Bereich des Unterrichts und Lernens können im Zusammenhang mit neuen institutionellen Rahmenbedingungen, wie festen Schulstunden und festen Pausenzeiten und langen Unterrichtseinheiten, stehen.

Dazu ist zu sagen, dass alle Kinder 20 Stunden pro Woche (à 45 Minuten) zur Schule gehen, was in etwa der Hälfte der Höchstarbeitszeit eines Erwachsenen von 40 Stunden pro Woche entspricht. Zusätzlich kommen bei Nikolas, Lars und Martina noch eine Stunde Förderunterricht und bei Lars und Nikolas noch eine Stunde Lesen mit ihrem Lesepaten hinzu. Diese Stunden finden im Anschluss an den normalen Unterricht statt und sollen den Kindern helfen, Unterrichtsstoff, den sie noch nicht begriffen haben, aufzuarbeiten.

Zunächst ist zu sagen, dass die Anzahl der momentanen Schulstunden pro Woche für alle vier Kinder in Ordnung ist. Sie finden es nicht schlimm auch mehrmals pro Woche bis 13Uhr Unterricht zu haben (vgl. Transkript Nr. 001: Z 169-176, Transkript Nr. 002: Z 145-152, Transkript Nr. 003: 74-81 und Transkript Nr. 004: Z 119).

Dennoch beschreiben sowohl Lars, als auch Martina, in ihren Interviews, dass es ihnen nicht immer leicht fällt, sich die ganze Zeit auf den Schulunterricht zu konzentrieren. Deshalb haben beide ihre eigenen Methoden entwickelt, um sich nach einer kurzen Pause wieder neu auf den Unterricht einzulassen und neue Energie zu sammeln: Lars geht ein bisschen durch den Klassenraum, um etwas aus seinem Fach zu holen und danach wieder am Unterricht teilzunehmen, während Martina viel lieber kurz mit ihrem Sitznachbarn redet, um danach wieder aufzupassen (vgl. Transkript Nr. 001: Z 182- 189 und Transkript Nr. 004: Z 126-128).

Nikolas äußert zu den Rahmenbedingungen des Unterrichts zusätzlich, dass er traurig darüber ist, dass es im Unterricht weniger Spiele gibt, die gespielt werden (vgl. Transkript Nr. 003: Z 52). Diese Aussage unterstreicht, dass es für Kinder der ersten Klasse wichtig sein kann, spielerische Elemente im Unterricht zu haben, um sich von den Lerneinheiten und lagen Schulzeiten zu erholen.

Alle vier Kinder geben an, dass sie einen großen Wert auf ihre Schulpausen und damit eine Zeit zum Erholen und Spielen legen. Dieses ist für sie wichtig, um sich von den langen

Phasen der konzentrierten Arbeit zu entspannen und gemeinsam mit ihren Freunden auf dem Schulhof zu spielen (vgl. Transkript Nr. 001: Z 304-326; Transkript Nr. 002: Z 250-266; Transkript Nr. 003:162-170 und Transkript Nr. 004: Z 188-201). Die Pausen, so könnte gesagt werden, helfen dabei, dass gewissen Belastungen entgegengewirkt wird, die durch zu lange Phasen der Anstrengung entstehen können. So können sich die Kinder vom konzentrierten Lernen ablenken.

Ein letzter Faktor, der Stress und Belastungen bei Kindern hervorrufen kann, sind die Hausaufgaben, die meist nach einem langen Schultag, in dem Fall der Kinder von fünf Schulstunden (à 45 Minuten) pro Tag, noch zusätzlich zum Unterricht erstellt werden sollten. Alle vier Kinder machen ihre Hausaufgaben ohne Hilfe. Dieses macht den Anschein, dass die Kinder generell keine Probleme bei der Bearbeitung der Hausaufgaben haben und die an sie gestellten Aufgaben keine Überforderungen und Schwierigkeiten darstellen. Lars, Martina und Nikolas finden Hausaufgaben sogar „ganz gut" und sie machen ihnen, wie sie es selbst sagen, auch „Spaß" (vgl. Transkript Nr. 001: Z 235-254; Transkript Nr. 003: Z 113-132 und Transkript Nr. 004: Z 148-160). Mathis hingegen findet Hausaufgaben einfach „blöd". Ihm gefällt es nicht, dass man dabei so viel schreiben muss. Dennoch fühlt er sich durch die Situation der Hausaufgaben nicht belastet, denn er selbst sagt, dass es ihm trotzdem „gut" geht (vgl. Transkript Nr. 002: Z 180- 202).

Es lässt sich zunächst festhalten, dass Belastungen im Erfahrungsbereich des *„Unterrichts und Lernens"* bei den befragten Kindern besonders im Zusammenhang mit Leistungsanforderungen stehen, die an sie gestellt werden. Die Kinder haben ein genaues Bewusstsein darüber, was sie können und woran sie noch arbeiten müssen. Zusätzlich haben sie bereits gelernt, wie sie gewissen Belastungen aus dem Weg gehen können und haben dafür ihre eigenen Strategien, sei es nun die Schulpausen ausgiebig zu nutzen oder sich im Klassenraum zu bewegen entwickelt, um sich wieder konzentrieren zu können.

4.2 Lehrer

Neben dem *„Erfahrungsbereich des Unterrichts"* ist auch der *„Erfahrungsbereich Lehrer"* ein bedeutender Bereich im Grundschulalltag. Lehrkräfte sind in verschiedener Hinsicht Personen, die Einfluss auf ihre Schüler haben. Gerade in den ersten Schuljahren ist es wichtig für das Befinden des Kindes die Anerkennung und Zuwendung der Lehrkräfte zu erhalten. Kritische Rückmeldungen oder mangelnde Beachtung der Lehrer werden gerade bei sensiblen Kindern leicht als Indiz der Ablehnung verstanden (vgl. Hössl & Vossler 2006, S.83). Stimmt also das Verhältnis zwischen den Schülern und Lehrern nicht, kommen die Schüler nicht mit ihren Lehrkräften und dem, was die Lehrkräfte vermitteln wollen zu Recht, kann dieses zu Belastungen führen. Im schlimmsten Fall haben die Schüler sogar Angst vor ihren Lehrkräften (siehe Kapitel 2.2.2).

Aus allen vier Interviews lässt sich herausarbeiten, dass die Kinder sehr gut mit ihren Lehrkräften zu Recht kommen, sie mögen und keinerlei Probleme mit ihnen haben. Auch ihren Unterrichtsmethoden können sie folgen (vgl. Transkript Nr. 001: Z 125-167; Transkript Nr. 002: Z 124-143; Transkript Nr. 003. Z 48 72 und Transkript Nr. 004: Z 92-114). Aus dem Interview mit Nikolas wird dabei ersichtlich, dass ihm die Unterrichtsgestaltung seiner Lehrerin sehr gut gefällt. Er betont, dass das, was die Lehrerin macht, ihm besonders viel Spaß im Unterricht bereitet (vgl. Transkript Nr. 003: Z 48). Lars betont in seinem Interview zusätzlich, dass seine Lehrerin für ihn auch eine Person ist, die ihm bei Dingen helfen kann, die er selbst noch nicht so gut kann:

> „Gut, Frau M., die ist unsere Klassenlehrerin. Die ist sehr nett. Und wir gehen manchmal in Computerraum mit der. Da hilft sie immer den Computer hochzufahren." (Transkript Nr. 001: Z 127 f.).

Die Lehrkraft ist für Lars eine Person, bei der er Unterstützung finden kann. Dieses ist auch gerade im Hinblick auf die Möglichkeit der Stressbewältigung durch soziale Unterstützung von Bedeutung.

Somit lassen sich im Zusammenhang mit der Kategorie *„Erfahrungsbereich Lehrer"* keinerlei Belastungen erkennen. Vielmehr haben die Kinder eine gute Beziehung zu ihren Lehrern und kommen, wie Martina es beschreibt, „Ganz gut" (Transkript Nr. 004: Z 114) mit ihnen aus. Dieses ist gerade auch deshalb wichtig, damit ein gutes, kooperatives Arbeitsklima und eine Vertrauensbasis innerhalb des Klassenverbandes aufgebaut werden kann.

4.3 Mitschüler

Neben dem Lehrer spielen auch die Mitschüler als soziale Beziehungen und Ansprechpartner eine wichtige Rolle für Schüler der Grundschule. Auch durch die Mitschüler können, wenn es Konflikte untereinander gibt oder ein Kind keinen Anschluss zu seinen Mitschülern findet, Belastungen entstehen, die sich auf das Wohlbefinden des Kindes auswirken können (siehe Kapitel 2.2.3).

Die vier befragten Kinder äußern, dass sie sich mit fast allen Mitschülern aus ihrer Klasse sehr gut verstehen. Jedes Kind hat einen besten Freund in der Klasse, auf den es sich verlassen kann (siehe dazu zum Beispiel die Aussage von Martina: „Und einen guten Freund. […] Lars" (Transkript Nr. 004: Z 175 f.).

Es kann somit soziale Beziehungen aufbauen, durch die das Kind an Unterstützung und Hilfe gelangen kann. Zusätzlich finden sie durch die aufgebauten Freundschaften Spiel- und Kommunikationspartner.

Aus dem Interview mit Mathis wird deutlich, dass er weiß, welche Mitschüler einen guten und welche einen nicht so guten Einfluss auf ihn haben können. Dieses zeigt, dass Kinder bereits früh wissen, welche Freundschaften für sie gut sind und bei wem sie in der Schule Unterstützung finden können (auch, wenn sich im Laufe der Jahre die Freundschaften immer wieder ändern können). Auf die Frage „Kannst du mir mal von deinen Mitschülern erzählen? Wie die so sind?" (Transkript Nr. 002: Z 205), berichtet er darüber, dass er alle Schüler mag, außer einen Schüler, der auch schon einmal nicht zum Sportunterricht durfte, weil er Blödsinn gemacht hat (vgl. Transkript Nr. 002: Z 208-217). Von diesem Schüler hält er sich deshalb lieber fern und sucht vielmehr nach Freunden, die keinen Blödsinn anstellen und keinen Ärger in der Schule bekommen.

Ein weiterer Faktor, der zu Belastungen und Spannungen zwischen den Schülern führen kann, lässt sich aus dem Interview von Lars herausarbeiten: Neid auf einen anderen Schüler, der bessere Leistungen erbringt, als man selbst. Lars antwortet auf die Frage, wie es ihm dann in Mathe geht, wenn er nicht so gut rechnen kann, mit „Bisschen neidisch" (Transkript Nr. 001: Z 73). Auf genauere Nachfrage erzählt er, dass er auf seinen Mitschüler Muhamed neidisch ist, der auch ein Freund von ihm ist, weil er so gut Mathe kann (vgl. Transkript Nr. 001: Z 71-91). Dabei wird deutlich, dass es sich hierbei um eine Gegebenheit handelt, die wiederum im Zusammenhang mit den Leistungsanforderungen der Grundschule steht. Lars vergleicht sich bereits in der ersten Klasse mit anderen Schülern und kann mit den erbrachten Leistungen seines Mitschülers seiner Ansicht nach nicht mithalten. Seine eigenen guten Fähigkeiten blendet er in diesem Moment aus. Dieser Vergleich kann zu großen Belastungen für das Kind führen, wenn es immer schlechter ist als sein Freund und es damit hinter seinen eigenen Anforderungen und Erwartungen zurück bleibt.

Zusammenfassend betrachtet, denken alle vier Kinder sehr positiv über ihre Mitschüler und nutzen ihre aufgebauten Freundschaften, um gemeinsam zu reden oder zu spielen. Dennoch sind die zwei Beispiele von Lars und Mathis ernstzunehmende Faktoren, aus denen sich Belastungen im Grundschulalter bilden können.

4.4 Zusammenfassung der Ergebnisse im Hinblick auf die Fragestellung der Arbeit

Die zentrale Fragestellung des empirischen Teils dieser Untersuchung war, welchen schulischen Belastungen Kinder der ersten Klasse ausgesetzt werden. Zunächst ist zu sagen, dass Kinder in der Grundschule auf verschiedene Belastungssituationen treffen, die jedoch von Kind zu Kind unterschiedlich sein können. Diese Vermutung wurde anhand der vier durchgeführten Interviews belegt, denn nicht alle vier Kinder sprachen über die gleichen Situationen, die für sie schwierig beziehungsweise problematisch in der Schule sind. Dabei konnte nachgezeichnet werden, dass bereits Kinder der ersten Klasse für sich (wenn auch geringe) Belastungen spüren.

Aus dem Erfahrungsbereich *„Lernen und Unterricht"* konnten in dieser Arbeit die meisten Faktoren für mögliche Belastungen herausgearbeitet werden. Diese stehen in Verbindung mit den Leistungsanforderungen, die an die Kinder gestellt werden. Probleme und Belastungen werden von den Kindern dann genannt, wenn sie hinter den erwarteten Anforderungen zurückbleiben. Auffällig – aber nicht unerwartet – war das Ergebnis im Erfahrungsbereich der *„Lehrer"*. Es zeigte sich, dass die hier befragten Kinder von ihren Lehrkräften am wenigsten belastet sind, sondern diese vielmehr eine wichtige Bezugsperson für die Kinder darstellen.
Überraschend war es jedoch im Erfahrungsbereich *„Mitschüler"* zu erfahren, dass Belastungen aus einem Konkurrenzdruck zwischen den Schülern entstehen können, wenn ein Schüler einmal schlechter ist als sein Freund.

Zusätzlich war es sehr spannend zu sehen, dass die Kinder ihre eigenen Strategien entwickeln, um möglichen Belastungen aus dem Weg zu gehen: Sei es nun das Nutzen der Schulpause als Entspannung vom Lernen oder die Wege, wie man es wieder schafft sich im Unterricht auf den Schulstoff zu konzentrieren. Somit zeigt sich, dass die Kinder bereits wissen, wie sie mit bestimmten Problemen umgehen können.

4.5 Abschließender Vergleich der Hauptergebnisse mit der Studie von Frank (2008)

Die in diesem Buch durchgeführte Untersuchung baut auf die Ergebnisse der Studie von Frank (2008) auf und übernimmt ihre drei großen Erfahrungsbereiche, in denen Belastungen in der Grundschule entstehen können. Deshalb werden im Folgenden noch einmal abschließend die Ergebnisse beider Untersuchungen verglichen:

Zunächst ist herauszuarbeiten, dass Frank im Gegensatz zu dieser Studie quantitative Forschungsmethoden verwendet und direkt in ihrem Fragebogen nach möglichen Belastungen fragt. Deshalb liefert ihre Studie ein umfassenderes Ergebnis, als die Untersuchung dieses Buches, die nicht darauf abzielte die möglichen Belastungen direkt anzusprechen. Insgesamt arbeitet die Studie von Frank vielmehr Belastungssituationen für Kinder der Grundschule heraus, während in der Untersuchung dieses Buches auch positive Aspekte des Grundschulalltags herausgearbeitet werden konnten und die individuellen Probleme der Schüler betrachtet wurden.

Dennoch sind bei beiden Studien Parallelen zu finden:

Belastungen stehen sowohl in Franks, als auch in dieser Untersuchung im Zusammenhang mit den Leistungsanforderungen, die an die Kinder gestellt werden und damit dem *„Erfahrungsbereich Lernen und Unterricht"*. Die größten Belastungen für die Strichprobe von Frank stellen die Situationen „Wenn ich eine schlechte Note bekomme" (31,4%) und „Wenn ich in einem Fach schlechter werde" (26,2 %) dar (vgl. Frank 2008, S.218). Die Stichprobe dieser Untersuchung berichtet über ähnliches, wenn sie beschreibt, dass es für sie ein Unterrichtsfach gibt, in dem sie Probleme haben und in dem sie sich unbedingt verbessern möchten.

Weiterhin stellt es für die Stichprobe von Frank eine Belastung dar, nicht mit den Hausaufgaben zurechtzukommen (37,1%). Dieses Ergebnis findet sich in der Studie dieses

Buches nicht wieder, denn die Kinder der ersten Klasse berichten darüber, mit den Hausaufgaben gut zu Recht zu kommen.

Ähnlich wie bei der Untersuchung von Frank stellt der *„Erfahrungsbereich Lehrer"* in dieser Untersuchung den Bereich dar, der für die Kinder in der Grundschule die wenigsten Belastungssituationen liefert. Belastungen durch Lehrkräfte stehen in Franks Untersuchung wiederum im Zusammenhang mit den Leistungsanforderungen und damit mit den Situationen „Wenn ein Lehrer mir eine schlechte Note gibt" (60%) oder „Wenn mein Lehrer mich im Vergleich mit anderen Kindern ungerecht behandelt" (47,6%) (vgl. Frank 2008, S.222). In dieser Untersuchung hingegen entstehen bei den Kindern durch die Lehrkräfte keine Belastungen. Vielmehr sind die Lehrkräfte für die Kinder eine wichtige Bezugsperson.

Im Hinblick auf den letzten „Erfahrungsbereich Mitschüler" entstehen für die Stichprobe von Frank dann Belastungen, wenn sie durch andere Kinder beleidigt (48,6%) oder durch andere Kinder im Unterricht gestört werden (51,0%). Eine weitere Belastung liefert die Situation „mit anderen Kindern Streit zu haben" (38,5%) (vgl. ebd., S.214). Diese Ergebnisse lassen sich in der Studie dieses Buches nicht wiederfinden, stattdessen stellt es für ein Kind der Strichprobe eine Belastung dar, im Vergleich mit seinen Mitschülern, nicht dessen Leistungen entsprechen zu können.

Alles in allem wird aus beiden Studien deutlich, dass es vielfältige Belastungen gibt, die Kinder im Grundschulalltag für sich benennen können. Wenn man die Ergebnisse vergleicht, so sind es tatsächlich die Leistungsanforderungen, die die Kinder in beiden Studien am meisten belasten. Dazu gehört auch, dass die Kinder mit den Anforderungen, die an sie gestellt werden, nicht zu Recht kommen. Dennoch sind auch die *„Erfahrungsbereiche der Mitschüler und Lehrer"* nicht außer Acht zu lassen und Bereiche, in denen Belastungen entstehen können.

5 Schlussfolgerungen der Arbeit (für die pädagogische Praxis)

Ziel der vorliegenden Studie war es festzustellen, ob und welche schulischen Stressoren und Belastungen für Kinder in der Grundschule von Bedeutung sind. Die Ergebnisse des theoretischen Teils und der empirischen Untersuchung zeigen, dass Kinder im Grundschulalltag vielfältigen Belastungen, sei es durch Mitschüler, Lehrer oder dem Unterricht ausgesetzt werden können. Dabei stechen besonders der Bereich des „Unterrichts" und die damit verbundenen Leistungsanforderungen hervor.

Die Institution Schule kann mögliche Belastungen – gerade im Bereich der Lern- und Leistungsanforderungen – nicht von den Kindern fernhalten. Deshalb kann die Schule auch immer zu einem Ort der Belastungen werden, sie muss es aber nicht.

Angesichts der Tatsache, dass bereits Grundschüler einer Vielzahl schulischer Belastungen ausgesetzt sein können, ist es wichtig, sowohl die Schüler selbst, als auch ihre Lehrer und Eltern für mögliche Belastungen zu sensibilisieren. Die Institution Schule sollte Angebote schaffen, in denen mit den Kindern gemeinsam über schulische Probleme und den Umgang mit diesen Problemen geredet wird. Dabei sollten gemeinsam Strategien entwickelt werden, die vom Kind eingesetzt werden können, wenn es merkt, dass es von einer Situation belastet wird. Ein Beispiel für ein Training im Umgang mit Belastungen ist das „Anti-Stress-Training" von Hampel und Petermann (2003). In dem Anti-Stress-Training lernen die Kinder anhand von verschiedenen Spielen und Übungen, Stress- und Stressanzeichen selbst zu erkennen und möglichen Belastungen, beispielsweise durch positive Bestätigungen oder Entspannungsübungen, entgegenzuwirken. So können sie den Stress kurzfristig abbauen, aber auch langfristig besser mit ihm umgehen.

Weiterhin halte ich es für sinnvoll das Selbstvertrauen und Selbstwertgefühl der Kinder durch Trainings und Rollenspiele zu stärken, um den Kindern ein positives Selbstbild zu verschaffen. Trainings, die das Selbstbewusstsein aufbauen und stärken, sind gerade im Hinblick auf die in Kapitel 2.3.2 angesprochenen negativen und positiven Stressgedanken von enormer Bedeutung, denn ein Kind, das sich selbst positiv betrachtet, kann positiv und mit mehr Selbstbewusstsein an seine Arbeit in der Schule gehen. Diese Trainings müssen nicht durch die Lehrkräfte selbst durchgeführt werden, die zeitlich sehr eingeschränkt sind, sondern könnten durch externe geschulte Pädagogen oder Schulsozialarbeiter in Form von Projekten in den Schulalltag eingebracht werden.

Zusätzlich zu den Trainings sollte den Kindern die Möglichkeit gegeben werden einen Ansprechpartner innerhalb der Schule zu haben (Schulsozialarbeiter, Schulpsychologe oder Schulseelsorger), um mit ihm über Probleme zu reden. Dieses Gespräch muss nicht persönlich stattfinden, sondern kann auch in Form von „Problembriefkästen", in denen die Kinder ihre Probleme in Form von Briefen schreiben können, umgesetzt werden.

Schlussfolgernd sollte die Förderung der psychischen Gesundheit von Kindern in der Grundschule und damit der Umgang und die Hilfe bei Problemen und Belastungen ein wichtiges Ziel der Institution Schule sein. Eltern, Lehrer, Pädagogen und Kindern müssen dabei zusammenarbeiten, um das Kind und dessen individuelle Bedürfnisse ernst zu nehmen und zu befriedigen. Dem Kind muss bewusst gemacht werden, dass die Schule ein Ort ist, an dem man sich wohlfühlen kann und an dem Fehler machen erlaubt ist (vgl. Hössl & Vossler, 2006, S.101). Deshalb ist es von hoher Bedeutung, das Kind von Anfang an auf seinem Weg zu begleiten, die Stärken des Kindes hervorzuheben und dadurch schließlich ein positives Selbstkonzept zu stärken (vgl. Haug-Schnabel & Bensel 2011, S.140).

6 Abbildungsverzeichnis

7 Literaturverzeichnis

Antoniw-Struckmann (2010): Der Einfluss von Bewältigungsnormen auf soziale Unterstützung bei der Stressbewältigung. Hamburg: Dr. Kovac.

Beyer, A. & Lohaus, A. (2007): Konzepte zur Stressentstehung- und Stressbewältigung im Kindes- und Jugendalter. In: Seiffge-Krenke, I. & Lohaus, A. (Hrsg.): Stress und Stressbewältigung im Kindes- und Jugendalter. Göttingen: Hogrefe, S.11-27.

Flick, U. (2007): Qualitative Sozialforschung: Eine Einführung. Reinbek: Rowolth, 4. Aufl..

Frank, A. (2008): Belastung von Kindern durch Mitschüler, Lehrer und Unterricht. Eine empirische Studie zu Problemen, Ressourcen und Bewältigung im Grundschulalltag. Hamburg: Dr. Kovac.

Hampel, P & Petermann, F. (2003): Anti-Stress-Training für Kinder. Weinheim, Basel und Berlin: Beltz PVU, 2. Aufl..

Haug-Schnabel, G. & Bensel, J. (2011): Grundlagen der Entwickelungspsychologie: Die ersten 10 Lebensjahre. Freiburg im Breisgau: Herder, 10.Aufl..

Helmke, A. (1997): Entwicklung lern- und leistungsbezogener Motive und Einstellungen: Ergebnisse aus dem SCHOLASTIK-Projekt. In: Weinert, F.E. & Helme, A. (Hrsg.): Entwicklung im Grundschulalter. Weinheim: Beltz, S.115-132.

Hössl, A. & Vossler, A. (2006): Bildungsverläufe in der Grundschule. Schulerfolg und Belastungen aus Sicht von Kindern und Eltern. Bad Heilbrunn: Klinkhardt.

Knörzer, W. & Grass, K. (2000): Den Anfang der Schulzeit pädagogisch gestalten. Studien- und Arbeitsbuch für den Anfangsunterricht. Weinheim und Basel: Beltz, 5. Aufl..

Kowal, S. & O´Connell (2000): Zur Transkription von Gesprächen. In: Flick, U., von Kardorff, E. & Steinke, I. (Hrsg.): Qualitative Forschung. Ein Hanbuch. Reinbeck: Rowohlt, S.437-447.

Lamnek, S. (1995): Qualitative Sozialforschung. Band 1: Methodologie. Weinheim: Beltz PVU.

Laux, L. & Weber, H. (1991): Prensentation of self in coping with anger and anxiety: An intentional approach. *Anxiety Research, 4*, S.233-255.

Lazarus, R.S. & Launier, R. (1981): Streßbezogene Transaktionen zwischen Person und Umwelt. In: J.R. Nitsch (Hrsg.): Stress: Theorien, Untersuchungen, Maßnahmen. Bern: Huber, S.213-259.

Lohaus, A & Seiffge-Krenke, I. (2007): Stress- und Stressbewältigung im Kindes- und Jugendalter. Göttingen: Hogrefe.

Mayring, P. (2010): Qualitative Inhaltsanalyse. Grundlagen und Techniken.Weinheim und Basel: Beltz, 11. Aufl..

Nickl, H. (1976): Entwicklungspsychologie des Kindes- und Jugendalters, Bd. 2. Bern: Huber.

Nitsch, C. & von Schelling, C. (1997): Schule ohne Bauchweh. Was Eltern, Schüler und Lehrer wissen sollten über Hausaufgaben, Zensuren, Prüfungsanagst, Leistungsdruck. München: Mosaik.

Reinders, H. (2005): Qualitative Interviews mit Jugendlichen führen. Ein Leitfaden. München: Oldenburg Wissenschaftsverlag GmbH.

Ulich, K. (2001): Einführung in die Sozialpsychologie der Schule. Weinheim und Basel: Beltz.

8 Anhang

Angefertigter Leitfaden für die Interviews

Begrüßungsphase

- Begrüßung des Kindes, Kurze Vorstellung meiner Person
- Fragen, wie es dem Kind geht
- „Einweisung" in seine Aufgaben
- Erklärung des Gesprächsanlasses: Hast du dazu Fragen?
- Aufnahme seiner „Daten" → Alter, Klasse, Schultyp, biologisches Geschlecht
- Hinweis geben, dass das Kind ruhig sagen kann, wenn es eine Pause benötigt, es etwas nicht versteht oder gerade auf eine Frage nicht antworten kann/möchte.

Einführende Fragen

- **Ann Kristin:** „Ich hab dir jemanden mitgebracht, der dir heute ein Paar Fragen stellen möchte, um dich und deine Schulzeit besser kennen zu lernen. Das ist Leo, der Löwe."
- **Leo:** „ Hallo (Name des Kindes), ich freue mich dich kennen zu lernen! Was mich so interessiert ist das Thema Schule. Erzähl mir doch mal etwas über deine Schule.
  Unterfragen zum Nachfragen:
1. Was fällt dir ein, wenn du an deine Schule denkst?
2. Und kannst du mir auch erzählen, wie es dir in der Schule so gefällt?
3. Gehst du gerne zur Schule?
4. Erzählst du mir, was du besonders gut in der Schule kannst?
5. Beschreib mir doch mal dein Lieblingsfach, was ihr da so macht.
6. Und gibt es auch Dinge, die du in der Schule nicht so gut kannst? → Wie geht es dir dabei?

Fragen zu möglichen belastenden Situationen/Gegebenheiten in der Schule

a) Unterricht und Lehrerverhalten

- **Leo:** „Erzählst du mir mal, was ihr im Unterricht so macht?"
  Unterfragen zum Nachfragen:
- Was macht dir im Unterricht besonders viel Spaß?
- Was macht dir nicht so viel Spaß? → Wie fühlst du dich dabei?

- **Leo:** „ Mich interessieren auch deine Lehrer. Erzähl mal von denen.."
  Unterfragen zum Nachfragen:
- Was machen die so?
- Verstehst du das, was sie dir erklären?
- Gefällt dir das, was sie machen?
- Wie kommst du mit ihnen zu Recht? → Wenn nicht: Wie fühlst du dich dann?
- **Leo:** „Ihr habt ja oft bis 13 Uhr Schulunterricht. Wie ist das für dich? Ist das in Ordnung oder ist das eine lange Zeit?
  Unterfragen zum Nachfragen:
- Kannst du dich die ganze Zeit konzentrieren?
  (→ Was machst du, wenn du dich nicht mehr konzentrieren kannst?)

Wie geht es dir nach so einem langen Schultag?
Was machst du, wenn du aus der Schule kommst?

b) Hausaufgaben

- **Leo:** „Ich habe gehört, in der Schule bekommt man Hausaufgaben auf. Kannst du mir erklären, was das ist?"
  Unterfragen zum Nachfragen:
- Wie machst du deine Hausaufgaben?
- Wie findest du Hausaufgaben? Was gefällt dir, was nicht?
- Wer hilft dir bei den Hausaufgaben?
- Machen dir die Hausaufgaben Spaß? Wann machen sie dir keinen Spaß?
- Wie geht es dir dabei?

c) Mitschüler und Pausenverhalten

- **Leo:** „Mich interessieren auch deine Mitschüler. Erzähl doch mal von denen..."
  Unterfragen zum Nachfragen:
- Hast du einen guten Freund in deiner Klasse? Erzähl doch mal etwas über ihn...
- Und wie gefallen dir die anderen Kinder in deiner Klasse so?

- **Leo:** „Und ich habe gehört, dass ihr zwischen den Schulstunden auch Pausen habt. Kannst du mir mal erzählen, was Pausen sind?"
  Unterfragen zum Nachfragen:
- Was machst du denn immer so in den Pausen..

Fragen zur Problemlösung
- **Leo:** „Hat dir ein Tag in der Schule auch schon mal so gar nicht gefallen?"
  Unterfragen zum Nachfragen bei einer zustimmenden Antwort
- Woran liegt das dann?
- Wie bekommst du wieder gute Laune?

Abschließender Ausblick

- **Leo:** „Gleich ist unserer Gespräch zu Ende. Stell dir nun doch bitte vor, dass du noch drei Jahre in die Grundschule gehst. Was fällt dir dazu ein?
- Und nun stell dir vor, eine gute Fee kommt zu dir und sagt, dass du drei Wünsche frei hast. Welche drei Dinge würdest du dir für deine Schulzeit wünschen? *(→ Auf die 3 Wünsche eingehen)"*
- **Ann Kristin:** „Wir wären damit fertig mit dem Gespräch und ich möchte mich von meinem Freund Quaxi und dir verabschieden. Vorher möchte ich dich aber noch fragen, ob du noch etwas sagen möchtest?"

Auflösungs- und Verabschiedungsphase

- Kann während des Gespräches passieren, wenn das Kind einfach erschöpft ist (Signale wie Beinwackeln, unruhiges Verhalten oder Fragen, wie „Dauert es noch lange?" ernst nehmen und Methode wechseln bzw. ein Ende finden
- Wenn alle Fragen gestellt werden konnten: Freundliche Verabschiedung (Danksagung) und das Kind noch einmal Fragen, wie es ihm so geht, ob es noch etwas sagen möchte.
- Begleitung zurück zu den Eltern

Transkript Nr. 001

Belastungen im Grundschulalltag, Interview Nr. 001

Aufnahmetag, -ort: 24. März 2012, Kinderzimmer des interviewten Kindes, nähe M-Stadt

Interviewdauer: 9:42 Minuten

Name des Interviewers: Rielmann, Ann Kristin

Name des Transkribierenden: Rielmann, Ann Kristin

Name des Kindes: Lars (Name wurde aufgrund des Datenschutzes geändert)

biologisches Geschlecht, Alter, Schule, Klasse: Männlich, 7 Jahre, Grundschule, erste Klasse

Kurze Charakterisierung des Gesprächs: Das Interview wurde als Face-to-Face-Interview durchgeführt. Die Befragungsmethode war ein Leitfaden-Interview.

1 I: „Also ich hab dir jemanden mitgebracht, der wird die gleich ein paar Fragen stellen, ne."

2

3 L: „Ja."

4

5 I: „Und das ist Leo, der Löwe."

6

7 L: „Ja."

8

9 I: „Und der sagt dir jetzt erst einmal Hallo. Hallo Lars, ich freue mich dich
10 kennen zu lernen. Was mich interessiert ist das Thema Schule."

11

12 L: „Ja"

13.

14 I: „Erzähl mir doch mal etwas über deine Schule. Auf welche Schule gehst
15 du?"

16 L: *(.)* „Grundschule in E-Stadt."

17

18 I: „Und was machst du da so?"

19

20 L: „Ich schreibe gern."

21

22 I: „Und äh kannst du mir auch erzählen, wie dir die Schule so gefällt?"

23

24 L: *[freut sich]* „Gut, sehr gut."

25

26 I: „Gehst du denn gerne zur Schule?"

27

28 L: *[zustimmend]* „Mhhhm."

29

30 I: „Erzählst du mir, was du besonders gut in der Schule kannst?"

31
32 L: „Besonders gut kann ich lesen."
33
34 I: „Was liest du denn dann so in der Schule?"
35
36 L: „So Bücherbilder und hm Lesepass. Ganz viel."
37
38 I: „Beschreib mir dann doch nochmal dein Lieblingsfach in der Schule. Was ist
39 denn dein Lieblingsfach?"
40
41 L: [schaut Leo fragend an]
42
43 I: „Ist das Mathe oder ist das Sport?"
44
45 L: [laut rufend] „Sport!"
46
47 I: „Und was macht ihr im Sportunterricht so?"
48
49 L: „Fische, dann schwarzer Hai, Karottenziehen."
50
51 I: „Und das kannst du gut?"
52
53 L: „Ja."
54
55 I: „Und gibt es auch Dinge in der Schule, die du nicht so gut kannst?"
56
57 L: „Ja paar."
58
59 I: „Was denn?"
60
61 L: „So gut kann ich nicht (.) so gut kann, kann nicht so gut Mathe machen."
62
63 I: „Was ist denn an Mathe so schwer?"
64
65 L: „Hm, du, guck mal, 400 plus 400 wie viel sind das?"
66
67 I: „Hm das könnte 800 sein, ne? Und das fällt dir schwer?"
68
69 L: „Ja."
70
71 I: „Und wie geht's dir dann, wenn du in Mathe nicht so gut rechnen kannst?"
72
73 L: [schaut auf den Boden] „Bisschen neidisch."
74
75 I: „Neidisch? Auf wen bist du denn neidisch?"
76

77 L: „Auf Muhamed.“
78
79 I: „Muhamed, wer ist denn Muhamed?“
80 L: „Der war doch bei meinem Geburtstag.“
81
82 I: „Ein Freund von dir, ne?“
83
84 L: „Ja.“
85
86 I: „Und Muhamed kann gut Mathe?“
87
88 L: „Ja.“
89 I: „Und auf ihn bist du dann neidisch?“
90
91 L: „Ja.“
92
93 I: „Gut. Was macht ihr denn so im Unterricht?“
94
95 L: „Manchmal Mathe und manchmal Deutsch.“
96
97 I: „Und was macht ihr dann da so genau?“
98
99 L: „Hm äh rechnen und noch rechnen und was wäre die Zahl und so.“
100
101 I: „Und was macht dir im Unterricht dann besonders viel Spaß?“
102
103 L: „Besonders mag ich Deutsch.“
104
105 I: „Und warum macht dir das besonders viel Spaß?“
106
107 L: „Da, (.) da gibt's so leichte Aufgaben.“
108
109 I: „Und ähm macht dir auch etwas gar keinen Spaß, wenn du Schule hast?“
110
111 L: „Nein.“
112
113 I: „So gar keinen Spaß macht dir also gar nichts?“
114
115 L: „Doch.“
116
117 I: „Woran du gar keinen Spaß hast?“
118
119 L: „An gar nichts. An alles.“
120
121 I: „Du magst alles?“
122

123 L: „Ja."
124
125 I: „Und dann interessieren mich deine Lehrer. Erzähl mal von deinen
126 Lehrern."
127 L: „Gut. Frau M., die ist unsere Klassenlehrerin. Die ist sehr nett. Und wir
128 gehen manchmal in Computerraum mit der. Da hilft sie mir immer den
129 Computer hochzufahren."
130
131 I: „Hast du auch noch andere Lehrer?"
132
133 L: „Manchmal auch Frau P.."
134
135 I: „Und was machen die Lehrer so?"
136
137 L: „Manchmal Mathe und manchmal Deutsch. Und manchmal sogar Sport."
138
139 I: „Und wenn du so ne Lehrerin hast und die steht an der Tafel. Verstehst du
140 dann immer alles,was die Lehrerin dir so an der Tafel erklärt?"
141
142 L: „Ja."
143
144 I: „Also ist ganz einfach der Stoff?"
145
146 L: „Ja."
147
148 I: „Und gefällt dir das, was die Lehrerinnen im Unterricht machen oder
149 denkst du auch manchmal, das ist total blöd?"
150
151 L: „Gut."
152
153 I: „Alles gut?"
154
155 L: „Ja."
156
157 I: „Und wie kommst du mit deinen Lehrerinnen zu recht?"
158
159 L: „Gut."
160
161 I: „Magst du die Lehrerinnen?"
162
163 L: „Ja."
164
165 I: „Gabs schon eine Situation, wo du sie nicht mochtest?"
166
167 L: [verneint und schüttelt den Kopf] „Nee."
168

169 I: „Also immer gut, Super. Und dann habt ihr ja oft bis 13 Uhr auch Schule,
170 ne?"
171
172 L: „Ja."
173
174 I: „Wie ist das denn für dich, ist das lange Zeit oder ist das in Ordnung?"
175
176 L: „In Ordnung."
177
178 I: „Kannst du dich denn die ganze Zeit konzentrieren in der Schule bis 13
Uhr?"
179
180 L: „Manchmal nicht."
181
182 I: „Und was machst du dann, wenn du dich nicht konzentrieren kannst?"
183
184 L: „Da sag ich Frau M., Frau M., Frau M. könnte ich eben nochmal zu
185 meiner Ablage und eben 184 was machen."
186
187 I: „Und dann, geht's danach wieder gut?"
188
189 L: „Ja."
190
191 I: „Super."
192
193 I: „Und wie geht's dir nach so einem langen Schultag?"
194
195 L: „Gut. Sehr gut."
196
197 I: „Sehr gut. Dann bist du nicht müde?"
198
199 L: „Ne."
200
201 I: „Dann hast du noch ganz viel Energie?"
202
203 L: „Ja."
204
205 I: „Und was machst du dann, wenn du aus der Schule kommst?"
206
207 L: „Dann fahre ich mit dem Bus nach Hause."
208
209 I: „Und wenn du dann zu Hause bist, was machst du dann?"
210
211 L: „Frühstücken."
212

213 I: „Frühstücken, wenn du zu Hause bist. Das ja super. Dann habe ich gehört,
214 dass du in der Schule auch Hausaufgaben auf bekommst. Kannst du mir
215 erzählen, was das ist?"
216
217 L: „Mathe und Deutsch."
218
219 I: „Und was macht man da so bei den Hausaufgaben?"
220
221 L: „Manchmal rechnen und manchmal, was ist die höhere Zahl."
222
223 I: „Und in Deutsch?"
224
225 L: „In Deutsch, hm da muss man machen, was ist die kleinste Zahl."
226
227 I: „Und wie machst du deine Hausaufgaben?"
228
229 L: „Auf dem Schreibtisch."
230
231 I: „Und dann hier zu Hause, oder?"
232
233 L: „Zu Hause."
234
235 I: „Und wie findest du Hausaufgaben?"
236
237 L: „Gut."
238
239 I: „Also machen sie dir Spaß?"
240
241 L: „Ja."
242
243 I: „Gibt es denn auch Hausaufgaben, die dir gar nicht gefallen?"
244
245 L: „Nee."
246
247 I: „Gibt es denn Leute, die dir bei den Hausaufgaben helfen? Oder machst du
248 die alleine?"
249
250 L: [laut und energisch] „Alleine."
251
252 I: „Und die Hausaufgaben machen dir immer Spaß?"
253
254 L: „Ja."
255
256 I: „Und wie geht's dir bei den Hausaufgaben?"
257
258 L: „Gut."

259
260 I: „Dann interessieren mich auch noch deine Mitschüler. Erzähl doch mal was
261 von deinen Mitschülern."
262
263 L: „Neben mir sitzt Tom."
264
265 I: „Und mit dem kommst du gut zu Recht?"
266
267 L: „Ja."
268
269 I: „Hast du denn auch einen guten Freund in deiner Klasse?"
270
271 L: „Ja."
272
273 I: „Wer ist denn das?"
274
275 L: „Muhamed."
276
277 I: „Erzähl mal etwas über Muhamed."
278
279 L: „Muhamed, der kann schnell rennen."
280
281 I: „Der kann schnell rennen und kann der noch was gut?"
282
283 L: „Handstand."
284
285 I: „Und wie gefallen dir die anderen Kinder in deiner Klasse so?"
286
287 L: „Gut."
288
289 I: „Auch alle nett?"
290
291 L: „Ja."
292
293 I: „Du kommst mit allen gut zu Recht?"
294
295 L: [*lacht*] „Ja ."
296
297 I: „Und ich hab gehört, dass ihr zwischen den Schulstunden auch Pausen
298 habt."
299
300 L: „Ja."
301
302 I: „Kannst du mir erzählen, was Pausen sind?"
303
304 L: „Da kann man (.), da kann man Spielsachen mitnehmen, zum Beispiel

305 Fußball und so."

306

307 I: „Und was machst du immer in den Pausen?"

308

309 L: „Fußball."

310

311 I: „Fußball. Ganz alleine oder mit Freunden?"

312

313 L: „Mit Freunden."

314

315 I: „Und die Pausen findest du auch gut?"

316

317 L: „Ja."

318

319 I: „Darf ich fragen, warum du die Pausen gut findest?"

320

321 L: „Ja. Bei der Pause, bei den Pausen, da können wir draußen bleiben und mal
322 so richtig austoben."

323

324 I: „Und das ist schön, weil man davor ganz viel gelernt hat?"

325

326 L: „Ja."

327

328 I: „Ähm, dann wollte ich noch fragen, ob dir ein Tag in der Schule auch
329 überhaupt mal gar nicht gefallen hat? Also ob du mal nach Hause gekommen
330 bist und mal der Tag gar nicht so gut war. Gab es solche Tage?"

331

332 L: „Ne."

333

334 I: „Gar keinen Tag?"

335

336 L: „Nö."

337

338 I: „Dann ist unser Gespräch gleich zu Ende, jetzt hab ich noch ein, zwei
339 Fragen für dich. Und zwar stell dir doch einmal bitte vor, dass du jetzt noch
340 drei Jahre in die Grundschule gehst. Was fällt dir dazu ein?"

341

342 L: „Gar nichts."

343

344 I: „Und dann stell dir jetzt vor, dass eine Fee zu dir kommt, ne."

345

346 L: „Ja."

347

348 I: „Und sagt, dass du drei Wünsche frei hast."

349

350 L: „Ja."

351
352 I: „Welche drei Dinge würdest du dir für deine Schulzeit wünschen?"
353
354 L: „Hm, das ich besser in Mathe bin, rechnen."
355
356 I: „Das ist eins. Und dann noch?"
357
358 L: „Das ich besser bin in Lesen."
359
360 I: „Und noch eine Sache?"
361
362 L: „Hmm. Das, das, das wir gute Bücher lesen."
363
364 I: „Okay, dann wären wir fertig mit dem Gespräch."
365
366 L: „Ja."
367
368 I: „Und Leo möchte sich von dir verabschieden."
369
370 L: „Ja."
371
372 I: „Und jetzt möchte Leo aber auch noch fragen, ob du noch irgendwas sagen
373 möchtest?"
374
375 L: „Nein."
376
378 I: „Dann bedanke ich mich und du darfst gehen."

Transkript Nr. 002
Belastungen im Grundschulalltag, Interview Nr. 002
Aufnahmetag, -ort: 24. März 2012, Kinderzimmer von Lars, nähe M-Stadt
Interviewdauer: 8:17 Minuten
Name des Interviewers: Rielmann, Ann Kristin
Name des Transkribierenden: Rielmann, Ann Kristin
Name des Kindes: Mathis (Name wurde aufgrund des Datenschutzes geändert)
biologisches Geschlecht, Alter, Schule, Klasse: Männlich, 7 Jahre, Grundschule,
erste Klasse
Kurze Charakterisierung des Gesprächs: Das Interview wurde als Face-to-
Face-Interview durchgeführt. Die Befragungsmethode war ein Leitfaden-
Interview.

1 I: „Ich habe dir jemanden mitgebracht und der stellt dir heute ein paar Fragen.
2 Das ist Leo, der Löwe. Hallo Mathis, ich freue mich dich kennen zu lernen, was
3 mich interessiert ist das Thema Schule. Und ich wollte dich fragen, ob du mir
4 etwas über deine Schule erzählen kannst."
5
6 M: [lacht] „Ja, hmm, ähm (Pause)."
7
8 I: „Was fällt dir ein, wenn du an deine Schule denkst? Was macht ihr da?"
9
10 M: „In der Pause spielen wir Fußball."
11
12 I: „Und was gefällt dir in der Schule gut?"
13
14 M: „Sport."
15
16 I: „Gehst du denn gerne zur Schule?"
17
18 M: „Ja."
19
20 I: „Und kannst du mir auch erzählen, was du besonders gut in der Schule
21 kannst?"
22
23 M: „Hm Mathe."
24
25 I: „Kannst du mir das denn beschreiben? Mathe ist doch bestimmt dein
26 Lieblingsfach, oder?"
27
28 M: „Ja."
29
30 I: „Was machst du denn da so in Mathe?"
31
32 M: „Rechnen."
33

66

34 I: „Was rechnet ihr so?"
35
36 M: „Hm 8 minus 5 und so."
37
38 I: „Weißt du denn was 8 minus 5 ist?"
39
40 M: „Ähm 3."
41
42 I: „Super. Gibt es denn auch Dinge, die du in der Schule nicht so kannst?"
43
44 M: „Hm" [schaut fragend].
45
46 I: „Wo du keinen Spaß dran hast?"
47
48 M: „Kunst."
49
50 I: „Kunst? Warum ist Kunst denn so doof?"
51
52 M: [schmunzelt] „Weiß ich nicht."
53
54 I: „Aber es gefällt dir nicht. Das magst du gar nicht. Kunst?"
55
56 M: „Ja."
57
58 I: „Dann würde mich mal interessieren, was ihr ihm Unterricht so macht. Wenn
59 du zur Schule gehst, was ihr im Unterricht so macht."
60
61 M: „Hm Lesen und hm im Rechtschreibheft arbeiten."
62
63 I: „Habt ihr auch Mathe?"
64
65 M: „Ja."
66
67 I: „Was macht ihr da?"
68
69 M: „Da machen wir rechnen."
70
71 I: „Und Sport habt ihr bestimmt auch, oder?"
72
73 M: „Ja."
74
75 I: „Und was macht ihr da?"
76
77 M: „Wir machen Spiele und spielen Fußball verkehrt."
78
79 I: „Und was macht dir dann im Unterricht besonders viel Spaß?"

80
81 M: „Im Rechtschreibheft arbeiten."
82
83 I: „Darf ich fragen warum?"
84
85 M: „Weil das Spaß macht."
86
87 I: „Kannst du das gut?"
88
89 M: „Ja."
90
91 I: „Und dann lobt dich deine Lehrerin auch?"
92
93 M: „Ja."
94
95 I: „Und gibt es auch Sachen, die dir in der Schule nicht so viel Spaß machen?"
96
97 M: „Hm nö. Nur Kunst."
98
99 I: „Und wie fühlst du dich dann in Kunst?"
100
101 M: „Komisch."
102
103 I: „Komisch? Wie, was ist denn komisch?"
104
105 M: „Hm (Pause)."
106
107 I: „Dann sitzt du da und dir ist langweilig?"
108
109 M: „Ja."
110
111 I: „Aber dir macht das einfach keinen Spaß?"
112
113 M: „Ja."
114
115 I: „Und dann interessieren mich auch deine Lehrer. Erzähl mal von deinen
116 Lehrern."
117
118 M: „Ähm wen wir alles haben?"
119
120 I: „Ja."
121
122 M: „Frau M. und Frau L."
123
124 I: „Und was machen die so im Unterricht?"
125

126 M: „Die sagen uns, was wir machen sollen."
127
128 I: „Und verstehst du alles, was die beiden dir erklären?"
129
130 M: „Ja."
131
132 I: „Da hast du auch keine Probleme?"
133
134 M: „Nein."
135
136 I: „Und gefällt dir auch, was die im Unterricht mit dir machen?"
137
138 M: „Ja."
139
140 I: „Und kommst du gut mit den beiden zu Recht? Magst du deine
141 Lehrerinnen?"
142
143 M: [zustimmend] „Mhm."
144
145 I: „Und dann habt ihr ja oft bis 13 Uhr Schulunterricht. Oder manchmal bis
146 13 Uhr Schule. Ist das für dich in Ordnung? Oder ist das eine lange Zeit?"
147
148 M: „Geht."
149
150 I: „Geht. Kannst du dich denn die ganze Zeit in der Schule konzentrieren?"
151
152 M: „Ja."
153
154 I: „Und wie geht es dir nach der Schule immer so, wenn du so einen langen
155 Schultag hattest?"
156
157 M: „Gut."
158
159 I: „Gut. Bist du dann nicht müde?"
160
161 M: „Nö."
162
163 I: „Und was machst du dann, wenn du aus der Schule kommst?"
164
165 M: „Essen."
166
167 I: „Dann habe ich gehört, dass man in der Schule Hausaufgaben auf
168 bekommt. Kannst du mir mal erklären, was Hausaufgaben sind?
169
170 M: „Hm, da müssen wir immer zum Beispiel in Mathe etwas rechnen und in
171 Deutsch etwas schreiben, lesen."

172 I: „Und wie machst du deine Hausaufgaben?"
173
174 M: [denkt nach, schaut Interviewer fragend an]
175
176 I: „Machst du die zu Hause?"
177
178 M: „Zu Hause."
179
180 I: „Und ähm, wie findest du Hausaufgaben?"
181
182 M: „Blöd."
183
184 I: „Was gefällt dir denn nicht an den Hausaufgaben?"
185
186 M: „Ähm Schreiben".
187
188 I: „Und hilft dir jemand bei den Hausaufgaben?"
189
190 M: „Nö."
191
192 I: „Also machst du deine Hausaufgaben alleine."
193
194 M: „Ja."
195
196 I: „Machen dir die Hausaufgaben denn Spaß?"
197
198 M: „Nö."
199
200 I: „Und wie geht es dir bei den Hausaufgaben, wenn du die machst?"
201
202 M: „Gut".
203
204 I: „Gut. Dann gibt es bei euch ja auch Pausen und Mitschüler habe ich gehört.
205 Mich interessieren auch deine Mitschüler. Kannst du mir mal von deinen
206 Mitschülern erzählen? Wie die so sind?"
207
208 M: „Paar sind gut, aber Jonas, der ist schon einmal nicht zum Sport
209 gekommen."
210
211 I: „Hat der geschwänzt?"
212
213 M: „Nee, der hat zu viel Blödsinn gemacht."
214
215 I: „Dann durfte der nicht?"
216
217 M: „Ja."

218
219 I: „Hast du denn einen guten Freund in deiner Klasse?"
220
221 M: „Ja, Lars."
222
223 I: „Und magst du etwas über Lars erzählen?"
224
225 M: „Ähm [lacht]."
226
227 I: „Was der so gut kann vielleicht?"
228
229 M: „Der ist gut im Tor."
230
231 I: „Im Tor ist der gut?"
232
233 M: „Ja. Beim Fußball."
234
235 I: „Und wie gefallen dir die anderen Kinder in der Klasse so?"
236
237 M: „Gut."
238
239 I: „Also magst du alle Kinder in deiner Klasse?"
240
241 M: „Fast alle."
242
243 I: „Dann habe ich gehört, dass ihr zwischen den Schulstunden noch Pausen
244 habt, ne."
245
246 M: „Ja."
247
248 I: „Kannst du mir mal erzählen, was Pausen sind?"
249
250 M: „Also da können wir was auf dem Schulhof spielen."
251
252 I: „Und was machst du immer so in den Pausen?"
253
254 M: „Fußball spielen."
255
256 I: „Und das macht dir Spaß."
257
258 M: „Ja sehr."
259
260 I: „Und findest du Pausen gut?"
261
262 M: „Ja."
263

264 I: „Darf ich fragen, warum du die Pausen gut findest?"
265
266 M: „Weil ich dann so Fußball spielen kann."
267
268 I: „Und dann wollte ich noch fragen, ob es einen Tag in der Schule gibt, der
269 dir mal so gar nicht gefallen hat?"
270
271 M: „Hm, nö."
272
273 I: „Ja gut, dann ist unser Gespräch gleich zu Ende, und jetzt möchte ich aber,
274 dass du dir vorstellst, dass du noch drei Jahre in die Grundschule gehst. Du
275 bist ja jetzt in der ersten Klasse und bis zur vierten Klasse sind ja drei Jahre.
276 Was fällt dir dazu ein?"
277
278 M: „Das ist lange."
279
280 I: „Und dann stell dir vor, da kommt eine gute Fee zu dir und sagt du hast drei
281 Wünsche frei. Welche drei Dinge würdest du dir für deine weitere Schulzeit
282 wünschen?"
283
284 M: „Hmm fällt mir nichts ein."
285
286 I: „Gibt's irgendwas, was du gerne in der Schule hättest vielleicht?"
287
288 M: „Länger Sport."
289
290 I: „Mehr nicht?"
291
292 M: „Ja."
293
294 I: „Gut, dann wären wir mit dem Gespräch fertig und Leo möchte sich von dir
295 verabschieden und dann möchte ich aber noch fragen, ob du noch irgendwas
296 sagen möchtest?"
297
298 M: „Nö."
299
300 I: „Dann bist du fertig."

Transkript Nr. 003
Belastungen im Grundschulalltag, Interview Nr. 003
Aufnahmetag, -ort: 24. März 2012, Kinderzimmer Lars, nähe M-Stadt
Interviewdauer: 5:52Minuten
Name des Interviewers: Rielmann, Ann Kristin
Name des Transkribierenden: Rielmann, Ann Kristin
Name des Kindes: Nikolas (Name wurde aufgrund des Datenschutzes geändert)
biologisches Geschlecht, Alter, Schule, Klasse: Männlich, 6 Jahre, Grundschule, erste Klasse
Kurze Charakterisierung des Gesprächs: Das Interview wurde als Face-to-Face-Interview durchgeführt. Die Befragungsmethode war ein Leitfaden-Interview.

1 I: „Also ich habe dir jemanden mitgebracht, der dir heute ein paar Fragen stellen
2 will, das ist Leo, der Löwe und er freut sich dich kennen zu lernen und ihn
3 interessiert das Thema Schule. Und deswegen erzähl doch mal etwas über deine
4 Schule."
5
6 N: „Was?"
7
8 I: „Erzähl doch mal was über deine Schule."
9
10 N: „Ähm die Schule ist gut und da kann man gut spielen und da kann er Sport
11 machen und das wars."
12
13 I: „Und kannst du mir erzählen, was dir in der Schule so gut gefällt?"
14
15 N: „Das Monsterspiel."
16
17 I: „Und gehst du gerne zur Schule?"
18
19 N: „Ja."
20
21 I: „Was kannst du denn besonders gut in der Schule?"
22
23 N: „Mathe."
24
25 I: „Und was macht man da so in Mathe?"
26
27 N: „Da muss man lernen und da kann man was mit Zahlen machen."
28
29 I: „Und gibt es auch Dinge, die du gar nicht so gut kannst in der Schule?"
30
31 N: „Ich kann nicht gut Zahlen rechnen und nicht gut bis 200 rechnen und das
32 war es."
33

34 I: „Und was machst du so im Unterricht?"
35
36 N: „Ich klau da."
37
38 I: „Was klaust du denn da?"
39
40 N: „Ich meinte nicht klauen, ich meinte ich spreche mit den anderen Leuten."
41
42 I: „Mit deiner Lehrerin?"
43
44 N: „Ja."
45
46 I: „Und was macht dir im Unterricht besonders viel Spaß?"
47
48 N: „Was die Lehrerin sagt."
49
50 I: „Und was macht dir nicht so viel Spaß?"
51
52 N: „Dass das Monsterspiel weg ist."
53
54 I: „Und wie sind deine Lehrer so? Erzähl mal was von deinen Lehrern."
55
56 N: „Gut."
57
58 I: „Und was machen die Lehrer so?"
59
60 N: „Die geben uns Aufgaben und geben uns Rechenaufgaben."
61
62 I: „Und verstehst du alles, was sie dir erklären?"
63
64 N: Ja.
65
66 I: „Und gefällt dir das, was die machen in der Schule?"
67
68 N: „Ja."
69
70 I: „Und wie kommst du mit deinen Lehrern zu Recht?"
71
72 N: „Gut."
73
74 I: „Dann haben wir, hast du ja oft bis 13 Uhr Schule. Kannst du dich denn so
75 lange konzentrieren?"
76
77 N: „Ja."
78
79 I: „Und wie geht es dir nach so einem langen Schultag?"

80
81 N: „Gut.“
82
83 I: „Und was machst du, wenn du aus der Schule kommst?“
84
85 N: „Spielen.“
86
87 I: „Mit wem spielst du dann?“
88
89 N: „Mit keinem.“
90
91 I: „Mit dir selber?“
92
93 N: „Ja.“
94
95 I: „Und dann habe ich gehört, dass man in der Schule Hausaufgaben auf
96 bekommt. Kannst du mir erklären, was Hausaufgaben sind?“
97
98 N: „Ähm, da kriegt man so einen Zettel und da kommt mal Zahlen drauf oder
99 so etwas anderes.“
100
101 I: „Und die muss man dann zu Hause erledigen?“
102
103 N: [zustimmend] „Hm.“
104
105 I: „Und wie machst du deine Hausaufgaben?“
106
107 N: „Mit dem Bleistift.“
108
109 I: „Und wie findest du Hausaufgaben?“
110
111 N: „Gut.“
112
113 I: „Äh hilft dir jemand bei den Hausaufgaben?“
114
115 N: „Nein.“
116
117 I: „Und machen dir die Hausaufgaben Spaß?“
118
119 N: „Ja.“
120
121 I: „Gibt es denn auch Sachen, die dir keinen Spaß machen an den
122 Hausaufgaben?“
123
124 N: [schüttelt den Kopf]
125

126 I: „Gar nichts?"
127
128 N: [schüttelt den Kopf]
129
130 I: „Und wie geht es dir dabei?"
131
132 N: „Gut."
133
134 I: „Dann hast du auch Mitschüler, ne. Erzähl doch einmal von deinen
135 Mitschülern. Sind die nett?"
136
137 N: „Äh Max, hm und Nils."
138
139 I: „Und Max ist ein guter Freund von dir?"
140
141 N: „Ja."
142
143 I: „Kannst du mir etwas von Max erzählen?"
144
145 N: „Ja. Der mag gerne Cracker und sonst gar nichts mehr."
146
147 I: „Und wie gefallen dir die anderen Kinder in deiner Klasse so?"
148
149 N: „Gut."
150
151 I: „Also kommst du mit allen gut aus?"
152
153 N: „Aber nicht mit allen."
154
155 I: „Nicht mit allen?"
156
157 N: „Ja."
158
159 I: „Und dann hab ich gehört, dass ihr auch Pausen habt. Was machst du so in
160 den Pausen?"
161
162 N: „Ähm ich spiele gerne Fußball."
163
164 I: „Und die Pausen sind gut?"
165
166 N: „Ja."
167
168 I: „Und warum sind die gut?"
169
170 N: „Weil da kann man mehr spielen."
171

172 I: „Und hat dir in der Schule auch ein Tag mal gar nicht gefallen?“
173
174 N: „Nein.“
175
176 I: „Alles gut?“
177
178 N: [nickt]
179
180 I: „Dann stell dir doch bitte vor, dass du jetzt noch drei Jahre in die Schule
181 gehst, was fällt dir dazu ein?“
182
183 N: „Ähm gar nichts.“
184
185 I: „Und gibt es drei. Jetzt kommt die gute Fee und sagt, du darfst dir drei
186 Dinge wünschen für die Schule. Was wünscht du dir?“
187
188 N: „Das Monsterspiel, ein Auto und eine Lampe.“
189
190 I: „Gut, dann wären wir fertig mit dem Gespräch und dann möchte ich dich
191 fragen, ob du noch etwas sagen möchtest?“
192
193 N: „Böp. Fertig.“

Transkript Nr. 004
Belastungen im Grundschulalltag, Interview Nr. 004
Aufnahmetag, -ort: 24. März 2012, Kinderzimmer von Lars, nähe M-Stadt
Interviewdauer: 06:08 Minuten
Name des Interviewers: Rielmann, Ann Kristin
Name des Transkribierenden: Rielmann, Ann Kristin
Name des Kindes: Martina (Name wurde aufgrund des Datenschutzes geändert)
biologisches Geschlecht, Alter, Schule, Klasse: Weiblich, 7 Jahre, Grundschule,
erste Klasse
Kurze Charakterisierung des Gesprächs: Das Interview wurde als Face-to-
Face-Interview durchgeführt. Die Befragungsmethode war ein Leitfaden-
Interview.

1 I: „Also ich habe dir jemanden mitgebracht, der dir ein paar Fragen stellt und
2 sich freut dich besser kennen zu lernen. Das ist Leo, der Löwe. Hallo Martina,
3 ich freue mich dich kennen zu lernen, was mich interessiert ist das Thema
4 Schule. Erzähl doch mal etwas über deine Schule."
5
6 M: „Ähm ich geh in die Grundschule, ja."
7
8 I: „Und kannst du mir auch erzählen, wie es dir in der Grundschule so gefällt?"
9
10 M: „Hm (Pause)."
11
12 I: „Gefällt es dir da gut, gefällt es dir da nicht so gut?"
13
14 M: „Gut."
15
16 I: „Und gehst du gerne zur Schule?"
17
18 M: „Ja."
19
20 I: „Also kannst du mir erzählen, was dir in der Schule besonders gut gefällt."
21
22 M: „Die Pausen."
23
24 I: „Und gehst du gern zur Schule?"
25
26 M: „Ja."
27
28 I: „Und was kannst du besonders gut in der Schule?"
29
30 M: „Kunst."
31
32 I: „Beschreibe mir doch mal dein Lieblingsfach, was macht ihr da so?"
33

34 M: „Kunst.“

35

36 I: „Kunst? Und was macht ihr da so?“

37

38 M: „Clownsbilder malen.“

39

40 I: „Clownsbilder malen? Und das kannst du gut?“

41

42 M: „Ja.“

43

44 I: „Und das macht dir auch Spaß?“

45

46 M: „Ja sehr.“

47

48 I: „Und gibt es auch Dinge in der Schule, die du nicht so gut kannst?“

49

50 M: „Mathe.“

51

52 I: „Mathe. Und wie geht es dir in Mathe? Macht das dir keinen Spaß oder wie
53 ist das?“

54

55 M: „Doch Mathe macht mir Spaß.“

56

57 I: „Und was kannst du da nicht so gut?“

58

59 M: „Minusaufgaben rechnen.“

60

61 I: „Und erzählst du mir mal, was ihr im Unterricht so macht?“

62

63 M: [schaut fragend] (Pause)

64

65 I: „Wie läuft so ein Unterricht, wenn du in die Schule kommst ab?“

66

67 M: „Ganz schön kurz.“

68

69 I: „Kurz. Was macht ihr denn da? Lest ihr da oder schreibt ihr da?“

70

71 M: „Ganz viel schreiben.“

72

73 I: „Ganz viel schreibt ihr. Und macht dir etwas während des Unterrichts
74 besonders viel Spaß?“

75

76 M: „Nee.“

77

78 I: „Und was macht, also, es gibt nichts, was die besonders viel Spaß macht?
79 Warum? Was ist der Grund?“

80

81 M: „Gibt keinen."

82

83 I: „Dann interessieren mich auch deine Lehrer. Erzähl doch mal von deinen
84 Lehrern, die du so hast in der Grundschule."

85

86 M: [schaut fragend.] „Hm."

87

88 I: „Wer ist denn deine Klassenlehrerin?"

89

90 M: „Frau M.."

91

92 I: „Und ist Frau M. nett?"

93

94 M: „Ja."

95

96 I: „Und was macht die Frau M. so, wenn die bei euch in der Klasse ist?"

97

98 M: [schaut wieder fragend]

99

100 I: „Sitzt die da herum oder tut sie etwas anderes?"

101

102 M: „Die meiste Zeit sitzt die herum."

103

104 I: „Und verstehst du alles, was Frau M. dir erklärt?"

105

106 M: „Ja."

107

108 I: „Und gefällt dir das, was Frau M. mit euch macht?"

109

110 M: „Ja."

111

112 I: „Und wie kommst du mit Frau M. zu recht?"

113

114 M: „Gut. Ganz gut."

115

116 I: „Du hast ja ganz oft bis 13Uhr Schulunterricht. Wie ist das für dich? Ist das
117 ein langer Tag oder kommst du damit gut zu recht?"

118

119 M: „Komm ich gut zu Recht."

120

121 I: „Und kannst du dich dann auch die ganze Zeit in der Schule
122 konzentrieren?"

123

124 M: Meistens.

125

126 I: „Und was machst du, wenn du dich nicht mehr konzentrieren kannst?"
127
128 M: „Dann quatsche ich."
129
130 I: „Und wie geht es dir nach so einem langen Schultag?"
131
132 M: „Gut."
133
134 I: „Und was machst du dann, wenn du aus der Schule kommst?"
135
136 M: „Erst einmal etwas essen und dann spielen."
137
138 I: „Dann habe ich gehört, dass man in der Schule Hausaufgaben auf
139 bekommt. Kannst du mir erklären, was das ist?"
140
141 M: „Hm da bekommt man in der Schule nen Zettel oder so und den muss
142 man dann zu Hause machen."
143
144 I: „Und wie machst du deine Hausaufgaben?"
145
146 M: (Pause) [schaut fragend]
147
148 I: „Also hilft dir jemand dabei oder machst du die alleine?"
149
150 M: „Meistens mach ich die alleine."
151
152 I: „Und wie findest du Hausaufgaben?"
153
154 M: „Gut."
155
156 I: „Gut. Also gefallen dir, dass du Hausaufgaben aufkriegst?"
157
158 M: „Ja."
159
160 I: „Und das macht auch Spaß?"
161
162 M: „Ja."
163
164 I: „Und dann interessieren mich auch deine Mitschüler. Erzähl mal von
165 deinen Mitschülern. Sind die nett?"
166
167 M: „Ja."
168
169 I: Hast du einen guten Freund, oder eine gute Freundin in deiner Klasse?
170
171 M: Ganz viele Freundinnen.

172
173 I: „Ganz viele Freundinnen?"
174
175 M: „Und einen Freund."
176
177 I: „Wer ist dein Freund?"
178
179 M: „Lars."
180
181 I: „Und dir gefallen alle Kinder in deiner Klasse?"
182
183 M: „Ja."
184
185 I: „Und dann habe ich gehört, dass ihr zwischen den Schulstunden Pausen
186 habt?"
187
188 M: „Ja."
189
190 I: „Kannst du mir etwas über die Pausen erzählen? Was ihr da so macht? Was
191 du immer so in den Pausen machst?"
192
193 M: „Wir spielen da auf dem Schulhof."
194
195 I: „Und machst, sind die Pausen gut?"
196
197 M: „Ja."
198
199 I: „Warum sind die Pausen gut?"
200
201 M: „Weil man da so schön spielen kann und so mit anderen Kindern."
202
203 I: „Und gab es auch schon einmal einen Tag an der Schule, der dir gar nicht
204 gefallen hat?"
205
206 M: „Nee."
207
208 I: „Dann ist unser Gespräch gleich zu Ende. Jetzt stell dir doch bitte noch vor,
209 dass du jetzt drei, du gehst ja jetzt noch drei Jahre in die Schule."
210
211 M: [lacht]
212
213 I: „Was fällt dir dazu ein, wenn du daran denkst, dass du noch drei Jahre in
214 die Schule gehst?"
215
216 M: „Nichts."
217

218 I: „Dann stell dir bitte vor, eine gute Fee kommt zur dir und sagt, dass du drei
219 Wünsche frei hast. Welche drei Dinge würdest du dir noch für deine Schulzeit
220 wünschen?"
221
222 M: „Das ich besser in Mathe bin. (Pause)"
223
224 I: „Sonst nichts?"
225
226 M: „Nö."
227
228 I: „Den einen Wunsch hast du nur, dass du besser in Mathe bist?"
229
230 M: „Ja."
231
232 I: „Dann darfst du jetzt gehen. Danke."

Kategorien, Ankerbeispiele und Kodierregeln

1. Kategorie 1 „Erfahrungsbereich Lernen und Unterricht": Zum Erfahrungsbereich Lernen und Unterricht zählen alle Aussagen des Kindes über den Unterricht und die damit verbundenen Schulfächer, sein Lernverhalten, die Leistungsanforderungen und das Thema Hausaufgaben. Weiterhin gehören auch eigene Einschätzung der Schule zu diesem Bereich.

Unterkategorien:
a) Positive Beschreibungen und Einschätzungen des Kindes über seinen Schulalltag
b) Situationen, die mögliche Belastungen für das Kind hervorrufen könnten

2. Ankerbeispiel: „So gut kann ich nicht.....so gut kann, kann nicht so gut Mathe machen."

3. Kodierregeln: Steht eine Formulierung im Zusammenhang mit dem weiten Erfahrungsbereich Lernen und Unterricht, so wird diese zu den Fundstellen gezählt.

---

1. Kategorie 2 „Erfahrungsbereich Lehrer": Zum Erfahrungsbereich des Lehrers zählen alle Aussagen des Kindes über seinen Klassenlehrer oder weitere Lehrer, die im Schulalltag des Kindes eine wichtige Rolle spielen. Dazu gehören Aussagen zu seiner Person, sowie seine Handlungen und Aussagen zur Beziehung des Kindes zum Lehrer.

Unterkategorien:
a) Positive Beschreibungen und Einschätzungen des Kindes über seinen Schulalltag
b) Situationen, die mögliche Belastungen für das Kind hervorrufen könnten

2. Ankerbeispiel: „Frau Müller, die ist unsere Klassenlehrerin. Die ist sehr nett. Und wir gehen manchmal in den Computerraum mit der. Da hilft sie mir immer den Computer hochzufahren."

3. Kodierregel: Steht eine Formulierung des Kindes im Zusammenhang mit dem Erfahrungsbereich Lehrer, so wird diese zu den Fundstellen gezählt.

1. Kategorie 3 „Erfahrungsbereich Mitschüler": Zum Erfahrungsbereich der Mitschüler gehören alle Aussagen des Kindes über seine Mitschüler oder andere Kontakte zu Gleichaltrigen. Dazu gehören Aussagen zu der Person, sowie seine Handlungen und Aussagen zur Beziehung des Kindes zum Mitschüler.

Unterkategorien:
a) Positive Beschreibungen und Einschätzungen des Kindes über seinen Schulalltag
b) Situationen, die mögliche Belastungen für das Kind hervorrufen könnten

2. Ankerbeispiel: „I: Hast du denn auch einen guten Freund in der Klasse? L:Ja. I: Wer ist das denn? L: Muhamed."

3. Kodierregel: Steht eine Aussage des Kindes im Zusammenhang mit dem Erfahrungsbereich Mitschüler, so wird diese zu den Fundstellen gezählt.